VORWORT

Manche tun es in einem winzigen Garten, andere auf einem Balkon. Manche haben weder Garten noch grünen Daumen, sind zudem faul veranlagt und tun es aber trotzdem: selbst Gemüse anbauen. Uns (Claudette und Annemarieke) erging es so: Mangels Garten legten wir einfach ein paar Samen in Obstkisten und stellten sie auf eine sonnige Dachterrasse. Denn wir waren überzeugt: Was in einem kleinen Garten wächst, wächst auch in einer Obstkiste. Und tatsächlich: Ein paar Monate später wussten wir nicht mehr wohin mit all den Zucchini und Tomaten. Das war ja geradezu revolutionär! Na ja, zumindest sehr praktisch. Obstkisten sind größer als Töpfe, lassen sich prima stapeln und schauen auch noch gut aus. Minizucchini in einer Obstkiste sind wirklich ein hübscher Anblick. Es ist toll, den kleinen Früchten beim Wachsen zuzuschauen.

Nur, was macht man mit drei Kilogramm Zucchini, zehn Tomaten, einem Bund Radieschen und sieben krummen Möhren? Darauf hatte die Foodstylistin Marian Flint eine Antwort. Sie hatte die Idee für ein Kochbuch mit Rezepten für Gemüse, das Schulkinder aus dem Schulgarten mit nach Hause bringen. „Denn dann", so Marian, „geht es nicht um ein paar Pfund oder Kilo, sondern um eine Handvoll oder gleich ein paar Zentner." Wir beschlossen also, unsere Kräfte zu bündeln, und das Ergebnis halten Sie in der Hand. In diesem Buch zeigen wir, wie einfach es ist, selbst Gemüse zu ziehen und auch große Mengen kreativ zu verarbeiten: Ein Zucchiniberg verschwindet einfach in Zucchinispaghetti, und die frisch geernteten Kartoffeln werden zu köstlichen Chips. Echte Gemüsebauern werfen schließlich nichts weg.

Also, los geht's! Gibt es etwas Schöneres, als jeden Tag frisches Gemüse aus eigenem Anbau zu genießen?

Marian Flint
Claudette Halkes
Annemarieke Piers

INHALT

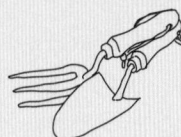 # VORLAGE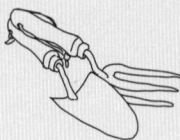

Kartoffeln
GANZ EINFACH
GEMÜSE ANBAUEN
UND KÖSTLICH KOCHEN

Blumen
GANZ EINFACH
GEMÜSE ANBAUEN
UND KÖSTLICH KOCHEN

Zucchini
GANZ EINFACH
GEMÜSE ANBAUEN
UND KÖSTLICH KOCHEN

Zwiebeln
GANZ EINFACH
GEMÜSE ANBAUEN
UND KÖSTLICH KOCHEN

Möhren
GANZ EINFACH
GEMÜSE ANBAUEN
UND KÖSTLICH KOCHEN

Kartoffeln
GANZ EINFACH
GEMÜSE ANBAUEN
UND KÖSTLICH KOCHEN

Rote Beten
GANZ EINFACH
GEMÜSE ANBAUEN
UND KÖSTLICH KOCHEN

Kräuter
GANZ EINFACH
GEMÜSE ANBAUEN
UND KÖSTLICH KOCHEN

Zwiebeln
GANZ EINFACH
GEMÜSE ANBAUEN
UND KÖSTLICH KOCHEN

Radieschen
GANZ EINFACH
GEMÜSE ANBAUEN
UND KÖSTLICH KOCHEN

Salate
GANZ EINFACH
GEMÜSE ANBAUEN
UND KÖSTLICH KOCHEN

Rote Beten
GANZ EINFACH
GEMÜSE ANBAUEN
UND KÖSTLICH KOCHEN

Zucchini
GANZ EINFACH
GEMÜSE ANBAUEN
UND KÖSTLICH KOCHEN

Bohnen
GANZ EINFACH
GEMÜSE ANBAUEN
UND KÖSTLICH KOCHEN

Radieschen
GANZ EINFACH
GEMÜSE ANBAUEN
UND KÖSTLICH KOCHEN

Kartoffeln
GANZ EINFACH
GEMÜSE ANBAUEN
UND KÖSTLICH KOCHEN

Blumen
GANZ EINFACH
GEMÜSE ANBAUEN
UND KÖSTLICH KOCHEN

Zucchini
GANZ EINFACH
GEMÜSE ANBAUEN
UND KÖSTLICH KOCHEN

Zwiebeln
GANZ EINFACH
GEMÜSE ANBAUEN
UND KÖSTLICH KOCHEN

Möhren
GANZ EINFACH
GEMÜSE ANBAUEN
UND KÖSTLICH KOCHEN

Kartoffeln
GANZ EINFACH
GEMÜSE ANBAUEN
UND KÖSTLICH KOCHEN

SELBST GEMÜSE-SCHILDCHEN HERSTELLEN

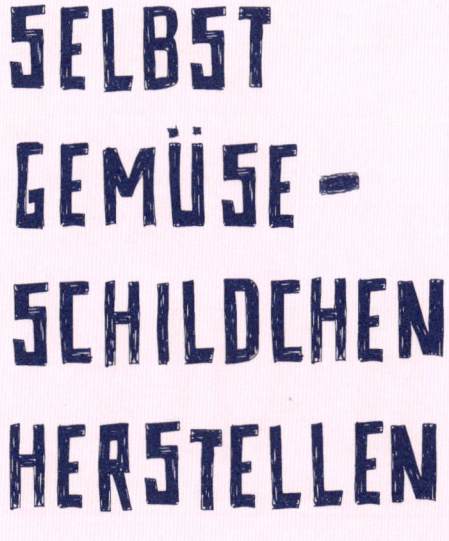

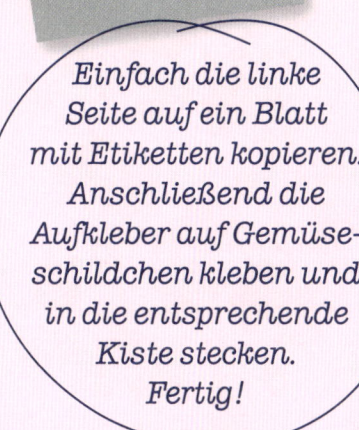

Einfach die linke Seite auf ein Blatt mit Etiketten kopieren. Anschließend die Aufkleber auf Gemüse-schildchen kleben und in die entsprechende Kiste stecken. Fertig!

DIE BASICS GEMÜSEANBAU IN OBSTKISTEN

GEMÜSE ANZUBAUEN IST MIT UNSERER RAFFINIERTEN OBST-KISTENMETHODE KINDERLEICHT.

Es ist völlig egal, wie groß Ihr Garten ist, ob Sie zwei linke Hände haben oder Ihnen der grüne Daumen fehlt. Sie brauchen nicht einmal einen Garten, ein kleiner Balkon genügt vollkommen. Und wer weder Garten noch Balkon besitzt, verlegt sich kurzerhand auf das Guerrilla-Gardening: Nutzen Sie den Grünstreifen an der Hauswand, stellen Sie Obstkisten direkt neben die Eingangstür oder ziehen Sie Gemüse im Park (siehe S. 36).
Es stimmt wirklich: Gemüse anzubauen ist kinderleicht.

Die Pflege eines herkömmlichen Gemüsegartens setzt einige Kenntnisse und viel Zeit voraus. Doch wer behauptet, dass dies die einzige Möglichkeit ist, Gemüse anzubauen? Deshalb haben wir uns die superleichte Obstkistenmethode ausgedacht. Denn alles, was in einem Garten wächst, wächst auch in Töpfen oder Kisten.

Super einfache Obstkisten methode

Erfolgreich Gemüse anbauen ohne (großen) Garten, mit zwei linken Händen und ohne grünen Daumen.

DIE VORZÜGE VON OBSTKISTEN

Gegenüber Töpfen haben Obstkisten den Vorteil, dass die Erde in ihnen weniger schnell austrocknet. Und im Vergleich mit einem großen Garten haben Obstkisten sogar diverse Vorteile. Vor allem kann man sie wunderbar auf einem kleinen Stückchen Erde oder einem winzigen Balkon unterbringen.

So wird Gemüseanbau für jeden machbar. Es ist auch möglich, in einer Kiste diverse Gemüsesorten zu ziehen, solange diese in puncto Bodenbeschaffenheit die gleichen Ansprüche haben. Salat zum Beispiel braucht feuchte Erde, während Kräuter wie Rosmarin und Thymian einen trockenen, sandigen Boden bevorzugen. Der kombinierte Anbau von Gemüse erleichtert die tägliche Pflege immens.

ETAGENBAU

Ein weiterer Vorteil der Obstkistenmethode ist der, dass sich die Kisten gut stapeln lassen, auch wenn sie bepflanzt sind. So kann man auf einem kleinen Balkon zum Beispiel Salat in der unteren Kiste ziehen und in der Kiste darüber Kräuter (was ganz nebenbei das Schneiden der Pflanzen erleichtert). Besser kann man einen kleinen Raum nicht nutzen! Wichtig ist natürlich, die Kisten versetzt zu stapeln, damit alle Kisten ausreichend Sonne abbekommen. Der Gemüseanbau in Obstkisten ist auch deshalb praktisch, weil man das Gemüse gut im Blick hat und Probleme schneller erkennt. Schädlinge bleiben nicht lange unentdeckt, und ihre Bekämpfung ist einfacher (siehe S. 12).

Besser kann man einen kleinen Raum nicht nutzen.

DIE RICHTIGE ERDE

Noch ein Vorteil von Obstkisten: Da sie mit geeigneter, gedüngter Gartenerde (Anzuchterde) gefüllt werden, sind keine bestehenden Bodenbedingungen wie in einem Garten zu beachten. Es gibt auch sogenannte *grow-bags* – mit spezieller Erde gefüllte Säcke, in denen das Gemüse wächst. Worauf es beim Gemüseanbau in entscheidendem Maße ankommt, ist der Nährwert der Erde. Deshalb sollte man (fast) immer spezielle Anzuchterde verwenden. Eine Ausnahme stellen Kräuter wie zum Beispiel Thymian und Rosmarin dar, denn die meisten bevorzugen eher nährstoffarme Erde. Lesen Sie deshalb zuerst die Angaben auf der Samenverpackung. Für solche Kräuter kann man gedüngte Erde mit Flusssand mischen. Die meisten Gemüsesorten brauchen allerdings viele Nährstoffe, sprich Dünger. Dies fördert nicht nur Wachstum und Ertrag, sondern schützt auch gegen Krankheiten, Schimmelpilze, Läuse und andere ungebetene Gäste. Bei den meisten Gemüsesorten ist deshalb Düngen im Zweiwochenrhythmus erforderlich (siehe S. 16, Pflege).

NÄHRWERT VON ERDE

Der Nährwert von Erde hängt von den Inhaltsstoffen ab, allen voran Stickstoff, Phosphor und Kalium. Wenn einer dieser Stoffe fehlt, lässt sich dies sofort an den Pflanzen erkennen:

- Stickstoffarmut: Gelbfärbung der Blätter.
- Phosphorarmut: Blätter dunkelgrün, später färben sich die Stiele und auch die Blätter rot.
- Kaliumarmut: Blätter bekommen braune Ränder.

Wenn das Gemüse eines dieser Symptome aufweist, sollten Sie die Düngergaben anpassen und unter Umständen einen der oben genannten Stoffe ergänzen. Oder haben Sie vielleicht doch mal vergessen zu düngen?

AUSRÜSTUNG

Für den Gemüseanbau in Kisten brauchen Sie nur ein paar Gartenhandschuhe, einen kleinen Rechen, eine Pflanzkelle und eine Gießkanne.

TIERE IM GEMÜSE-GARTEN

IM GEMÜSEGARTEN SIND TIERE EHER UNERWÜNSCHT. BEVOR SIE JEDOCH ZUR SCHROTFLINTE GREIFEN, SOLLTEN SIE VERSUCHEN, DIE UNGEBETENEN GÄSTE MIT GEEIGNETEREN MITTELN ZU VERTREIBEN.

NACKTSCHNECKEN

Im Film *Mikrokosmos* mögen Schnecken ja noch nett wirken, aber wessen Petersilie im Garten schon einmal total abgefressen wurde, der wird seine Meinung schnell ändern.

Ein gutes, tierfreundliches Mittel gegen Nacktschnecken ist Bier. Wenn Sie einen flachen Teller mit Bier aufstellen, wird er im Nu mit betrunkenen Schnecken bedeckt sein. Nun brauchen Sie die Schnecken nur noch andernorts (vielleicht nicht gerade im Garten des Nachbarn) auszusetzen und sind vorläufig von ihnen erlöst. Sie können Töpfe auch mit scharfen Dingen umgeben, das hält Nacktschnecken garantiert fern. Versuchen Sie es zum Beispiel einmal mit einer Schicht zerkleinerter Muscheln ringsherum.

WESPEN

Wespen interessieren sich nicht für Gemüsepflanzen, können aber sehr lästig sein, wenn man sich gerade am Gemüsegarten ergötzen oder an einem Glas Weißwein laben will. Ein paar Wespenfallen können da Abhilfe schaffen. Beachten Sie auch: Süßspeisen, Getränke, Teller mit Essensresten und dreckige Gläser sind für Wespen unwiderstehlich.

ZWIEBELFLIEGEN

Pflanzen Sie Petersilie und Ringelblumen, um Zwiebeln vor Zwiebelfliegen zu schützen.

ZWIEBEL- UND MÖHRENFLIEGEN

Eine Reihe Möhren neben den Zwiebeln hält die schädliche Zwiebelfliege fern, und umgekehrt schützen die Zwiebeln die Möhren vor der schädlichen Möhrenfliege.

AMEISEN

Ringelblumen vertreiben Ameisen.

NEMATODEN

Nematoden mögen keine Tagetes.

LÄUSE

Läuse hassen Kapuzinerkresse.

MÖHRENFLIEGEN

Petersilie hält die Möhrenfliege fern.

KATZEN

Abgesehen davon, dass Katzenkot im Gemüsebeet unappetitlich ist und stinkt, kann er auch noch gefährlich sein. Denn über Katzenkot können Krankheiten übertragen werden. Ein über die Kisten gelegter Maschendraht ist das beste Mittel gegen Katzen. Das Gemüse wächst hindurch und irgendwann ist der Draht kaum mehr sichtbar. Vertikal in die Erde gesteckte Zahnstocher helfen auch. Sie wirken wie ein Fakirbett, das Ganze sieht nur nicht besonders schön aus.

LOS GEHT'S

KISTEN UND ERDE HABEN SIE BEREITS ZU HAUSE? DANN KANN ES JA LOSGEHEN: SÄEN, WARTEN UND ERNTEN.

WAS BRAUCHEN SIE?

• Ein paar Obstkisten. Die sind von der Größe her optimal. Sie bekommen sie in Gartencentern, bei Gemüse- oder Obsthändlern etc. Wer Töpfe oder Kübel bevorzugt, sollte darauf achten, dass sich im Boden eine Öffnung befindet, damit sich keine Staunässe bilden kann. Bedecken Sie die Öffnung mit einem Kieselstein oder einer Tonscherbe, sodass die Öffnung nicht durch Erde verstopft werden kann. Zementkübel sind auch geeignet, wenn Sie vorher ringsherum knapp über dem Boden ein paar Löcher hineingebohrt haben. So kann überschüssiges Wasser ablaufen.
• Ein paar Säcke Erde aus dem Gartencenter
• Gartenvlies
• Blähtonkügelchen aus dem Gartencenter
• Diverse Samen von verschiedenen Gemüsesorten (zum Beispiel die Top 10 aus diesem Buch)

WAS IST NOCH ZU BEACHTEN?

Der richtige Platz
Obstkisten für den Gemüseanbau können fast überall aufgestellt werden, solange folgende Bedingungen erfüllt sind.

1. Sonneneinstrahlung von Frühling bis Herbst mindestens 6 bis 8 Stunden pro Tag. Die Kisten dürfen aber nicht den ganzen Tag in der sengenden Sonne stehen. Auch darf die Erde nie vollständig austrocknen: Nicht zu nass, nicht zu trocken, das ist optimal für Gemüsepflanzen.

2. Die Kisten sollten gut zugänglich sein, damit die Pflege, das Wässern und später die Ernte nicht unnötig erschwert werden.

SCHRITT FÜR SCHRITT

SCHRITT 1
Stellen Sie die Kisten an einen sonnigen Ort im Garten oder auf dem Balkon.

Wer sparsam sät, muss später nicht ausdünnen.

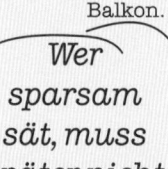

SCHRITT 2
Legen Sie die Kisten innen vollständig mit Gartenvlies aus (Boden und Seiten) und schneiden Sie es entsprechend zu. Wenn nötig, können Sie das Gartenvlies festtackern.

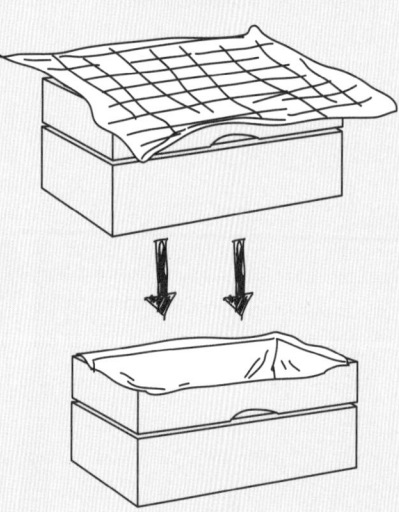

SCHRITT 3
Füllen Sie die Kisten mit einer 5 cm dicken Blähtonschicht auf. Blähtonkugeln saugen sich mit Wasser voll und geben es sukzessive wieder ab. So bleibt die Erde länger feucht und außerdem gut durchlüftet. Auf diese Schicht kommt Anzuchterde oder normale, mit Dünger oder Humus angereicherte Blumenerde.

Obstkisten können fast überall stehen.

SCHRITT 4
Jede Kiste in vier Bereiche aufgliedern und in jedes Viertel ein paar Samen einer Gemüsesorte legen. Sie können die zehn Sorten anbauen, die in diesem Buch genannt werden, oder einige von denen auf Seite 114. Auch diese sind relativ einfach in der Pflege und schmecken gut. Säen Sie nicht zu viele Samen auf einmal aus und beachten Sie die richtige Zeit zur Aussaat, denn die ist je nach Gemüsesorte unterschiedlich.

SCHRITT 5
Jetzt brauchen Sie nur noch regelmäßig zu wässern und zu düngen. Manche Gemüsesorten treiben bereits nach einigen Wochen aus. Dann dauert es nicht mehr allzu lange, bis Sie mit der Ernte beginnen können! So einfach ist das.

Einige Pflanzen kann man auch klettern lassen. Das spart Platz im Garten oder auf dem Balkon.

Sie brauchen nur noch zu wässern und zu düngen

KLETTERHILFE

Tomaten, Zucchini, Kürbisse, Stangenbohnen und Erbsen sind Gemüsepflanzen, die in die Höhe wachsen. Das spart Platz und erleichtert die Ernte. Lesen Sie immer erst die Angaben auf der Verpackung des Saatguts, denn nicht alle Sorten klettern gleich gut. Da manche Gemüsesorten ziemlich hoch wachsen können, sollte man sich erst überlegen, woran man sie hochklettern lässt. Außer einer Mauer oder einer Hecke ist eine selbst gebaute Kletterhilfe wie zum Beispiel ein Rankgitter eine gute Alternative. Rankgitter gibt es auch fertig in Gartencentern oder Baumärkten zu kaufen. Kletterhilfen sollten mindestens 150 cm hoch und robust sein und stabil stehen. Denn sie müssen nicht nur die Pflanze tragen, sondern später auch die Früchte, und das bei Wind und Wetter. Am besten befestigt man sie an der Hauswand.

SÄEN

Säen ist nicht schwer. Lesen Sie einfach die Anweisungen auf der Verpackung des Saatguts: zuerst die Erde etwas lockern, kleine Mulden hineindrücken und die Samen hineinlegen. Leicht mit Erde bedecken und etwas wässern. Fertig. Eventuell kann man vor der Aussaat die Erde noch etwas mit Kompost oder Dünger anreichern. Säen Sie möglichst sparsam und achten Sie darauf, dass nicht zu viele Samen an einer Stelle liegen. Die Sämlinge machen sich ansonsten nur unnötig Konkurrenz und müssen später ausgedünnt werden. Gemüsepflanzen, die ausreichend Platz haben, gedeihen besser und sind gesünder.

Säen ist nicht schwer. Lesen Sie einfach die Anweisungen auf der Verpackung des Saatguts.

VORZIEHEN

Einige Gemüsesorten sollte man im Zimmer oder unter Glas vorziehen. Vorziehen geschieht in kleinen Töpfchen (oder in einer Eierschachtel) an einem warmen, sonnigen Ort. Erst wenn die Sämlinge groß genug sind, dürfen sie nach draußen verpflanzt werden. Das Saatgut und die Sämlinge werden mit einem Sprühgerät befeuchtet, damit sie nicht zu nass werden. Stellen Sie die Anzuchttöpfchen in eine Saatschale und decken Sie diese mit Folie ab. So ist ein feuchtwarmes Klima gewährleistet. Wenn nach etwa drei Tagen die ersten Sämlinge erscheinen, können Sie die Folie ab und zu anheben. So beugen Sie Schimmelbildung vor und gewöhnen die Sämlinge an die kühleren Bedingungen später in den Obstkisten. Entfernen Sie die Folie vollständig, sobald die Sämlinge vier Blätter haben.

PFLEGE: WASSER UND DÜNGER

Die Pflege eines herkömmlichen Gemüsegartens hat es in sich. Nicht so unser „Gemüsegarten" aus Obstkisten. Eigentlich müssen Sie nur wässern und düngen, mehr nicht. In manchen Gegenden ist auch das Wässern nur bedingt nötig, es sei denn, es gibt mal wieder eine Hitzewelle oder Trockenperiode. Beim Wässern ist zu beachten, dass Gemüsepflanzen nur lauwarmes Wasser mögen und dass bei den Wurzeln gegossen werden muss. Gießen in der gleißenden Sonne ist nicht sinnvoll. Es stimmt zwar nicht, dass die Blätter verbrennen, aber das Wasser verdunstet sehr rasch. Wenn es tagsüber warm wird, ist es besser, zweimal am Tag zu wässern: frühmorgens und abends.

DÜNGER

Wenn in frische Anzuchterde gepflanzt wurde, benötigen die meisten Gemüsesorten erst wieder nach etwa sechs Wochen regelmäßig alle 14 Tage Düngergaben. Verwenden Sie organischen Dünger wie gekörnten Rinderdung, mit dem Sie ganz nebenbei auch die Bodenstruktur verbessern. Gewöhnlicher fester oder flüssiger Pflanzendünger tut es meist auch.

FRUCHTWECHSEL

Wenn man Jahr um Jahr an derselben Stelle das gleiche Gemüse anbaut, laugt der Boden aus. Abwechslung, Fruchtwechsel genannt, ist besser für den Boden. Man kann sogar innerhalb einer Vegetationsperiode Fruchtwechsel betreiben oder die Obstkisten jährlich mit frischer Erde füllen. Welche Stoffe dem Boden eher entzogen werden und welche weniger, hängt von der angebauten Gemüsesorte ab. Fruchtwechsel führt übrigens nicht nur zu höheren Erträgen, sondern auch zu kräftigen Pflanzen, denen Krankheiten und Schädlinge nicht so schnell etwas anhaben können. Für einen klassischen Gemüsegarten ist ein Anbauplan empfehlenswert. So können Sie den Fruchtwechsel genauestens planen und müssen sich nichts merken. Da wir mit Obstkisten arbeiten, ist ein Anbauplan nicht wirklich nötig. Sobald eine Kiste abgeerntet worden ist, wird sie einfach mit einer anderen Gemüsesorte bepflanzt. So kann man nichts falsch machen.

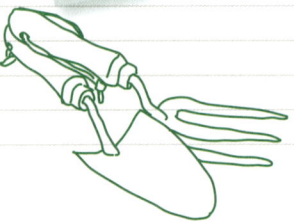

Notizen

angepflanzt am

geerntet am

Kartoffeln

Kartoffeln

ÜBER KARTOFFELN MUSS MAN EIGENTLICH NUR EINES WISSEN: DIE AUS DEM EIGENEN GARTEN SCHMECKEN WESENTLICH BESSER ALS DIE AUS DEM LADEN.

Es gibt sehr viele verschiedene Kartoffelsorten, die man fast ausnahmslos gut selbst ziehen kann. Sie werden unterteilt nach der Saison, in der sie geerntet werden: Die frühreifen Kartoffeln werden ab Ende Juni geerntet, die mittelfrühreifen ab Ende August. Und dann gibt es noch die mittelfrühspätreifen Sorten (Ernte ab Ende September), die sehr gut haltbar sind. Für den heimischen Anbau werden früh- oder mittelfrühreife Sorten bevorzugt, in Gegenden mit einem niederschlagsarmen Herbst kommen auch spätreife Kartoffeln noch zur Reife.

Einfache Sorten:

Frühreife Sorte: Fresco
(eignet sich zum Beispiel sehr gut für Pommes)
Mittelfrühreife Sorte: Santé
Spätreife Sorte: Nicola

Achtung!

Die Kartoffel gehört zur Familie der Nachtschattengewächse, von denen allerdings die meisten giftig sind. Gleiches gilt für die kleinen grünen Früchte neben den Blättern der Kartoffelpflanze. Der Verzehr dieser Früchte kann unter anderem Durchfall, Magenkrämpfe und Kopfschmerzen verursachen.

Zudem sind nicht nur grüne Kartoffeln und Kartoffeln, die bereits austreiben, ungenießbar, sondern auch solche, die nicht im, sondern auf dem Boden gereift sind (siehe Anhäufeln).

Bodenbeschaffenheit

Was die Bodenbeschaffenheit anbelangt, sind Kartoffeln ziemlich anspruchslos. Nur auf nassem Boden gedeihen sie nicht. Kartoffelpflanzen sind jedoch sehr krankheitsanfällig. Deshalb empfiehlt es sich, Kartoffeln erst wieder nach vier Jahren an gleicher Stelle anzubauen. Beim Anbau in Obstkisten genügt es, die Erde jährlich auszutauschen.

Vorkeimen

Saat- oder Setzkartoffeln, die Sie im Fachhandel erhalten, sind in der Regel frei von Krankheiten. Bevor sie gepflanzt werden können, muss man sie erst vorkeimen lassen. Legen Sie Setzkartoffeln deshalb erst zum Vorkeimen an einen halbdunklen Ort, bis die Keime etwa 1–2 cm lang sind. Wenn die Setzlinge nach dieser Keimzeit gut aussehen, nicht runzlig sind oder schlechte Stellen aufweisen, können Sie sie auspflanzen.

Anhäufeln

Wenn Kartoffeln während der Wachstumsphase Sonne bekommen, werden sie grün und giftig. Um dies zu vermeiden, wird angehäufelt – dabei wird die Erde um die Pflanze herum erhöht. Das Anhäufeln der Erde schützt junge Triebe übrigens auch vor Bodenfrost. Erst wenn die Pflanzen etwa 10 cm hoch sind, wird zum ersten Mal angehäufelt, das zweite Mal, sobald sie etwa 20 cm hoch sind.

Kartoffeln gedeihen auf fast jedem Boden, mögen aber keine Staunässe.

In Obstkisten

Kartoffeln wachsen gut in Obstkisten. Und obwohl die Kartoffeln in Kisten besser geschützt sind als in der Erde, ist auch hier das Anhäufeln sinnvoll. Dazu wird die Kiste zu drei viertel mit Erde gefüllt. Erst wenn die Kartoffelpflanze etwa 10 cm hoch ist, wird noch etwas Erde hinzugegeben (siehe Anhäufeln). So stellen Sie sicher, dass die Früchte in und nicht auf der Erde reifen. Wiederholt wird dies, sobald die Pflanze 20 cm hoch ist.

*Kartoffelanbau
in einer Obstkiste*

SCHRITT 1

Die Kiste zu drei
viertel mit Erde
füllen.

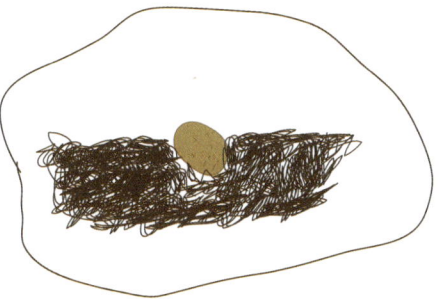

SCHRITT 2

Noch etwas Erde hinzugeben,
sobald die Pflanze etwa 10 cm
hoch ist. Wiederholen Sie dies,
sobald die Pflanze 20 cm
hoch ist.

Notizen

angepflanzt am

geerntet am

SCHRITT 3

Sobald die
Kartoffelpflanze
ausgeblüht (aber noch
grün) ist, sind die
Kartoffeln meistens
erntereif.

Kartoffel-chips mit Paprika oder Salz

In diesem Rezept werden die Kartoffeln zu hundert Prozent verwendet, es wird nichts weggeworfen. Auf Seite 99 finden Sie ein Rezept für einen köstlichen Rote-Bete-Dip.

xxxxxxxxxxxxxxxxxxxxxxxxxxxxxxxx

AUS EIGENEM ANBAU

· 4 große Kartoffeln, gründlich putzen und trocken reiben

AUS DEM KÜCHENSCHRANK

· Salz oder Paprikapulver (edelsüß)

ZUBEHÖR

· Fritteuse oder (Frittier-)Pfanne mit Öl
· Küchenrolle

xxxxxxxxxxxxxxxxxxxxxxxxxxxxxxxx

UND SO WIRD ES GEMACHT

Das Öl in einer tiefen Pfanne oder einer Fritteuse auf 175 °C erhitzen. Prüfen Sie mit einem Brotwürfel, ob das Öl in der Pfanne die richtige Temperatur hat: Kommt das Brot rasch an die Oberfläche, ist das Öl heiß genug. Inzwischen die Kartoffeln schälen, und zwar so, dass sich dicke Streifen ergeben. Dies gelingt mit einem Küchenmesser besser als mit einem Sparschäler. Die Schalenstreifen auf einem Küchenpapier kurz antrocknen lassen. Die geschälte Kartoffel mit einem Käsemesser oder Sparschäler in sehr dünne Scheiben hobeln. Auch die Kartoffelscheiben auf einem Küchenpapier kurz trocknen lassen. Die Schalen frittieren, bis sie goldbraun und knusprig sind. Auf einem Küchenpapier abkühlen lassen und würzen. Danach die Kartoffelscheiben frittieren, bis sie goldbraun und knusprig sind. Auch diese auf einem Küchenpapier abkühlen lassen und würzen.

Tipp
xxxxxxxxxxxxxxx
Erdnussöl eignet sich sehr gut als Frittieröl: Es ist hoch erhitzbar und qualmt nicht.

Tipp
xxxxxxxxxxxxxxx
Die Kartoffelchips mit etwas Salz und Paprikapulver oder mit einer Mischung aus Salz, Pfeffer und italienischen Kräutern bestreuen. Köstlich!

Sind die Kartoffeln festkochend oder mehlig? Festkochende Kartoffeln werden für die Herstellung von Chips, Pommes, Röstkartoffeln und Kartoffelsalat verwendet, mehlige eignen sich hervorragend für Suppe, Püree und Folienkartoffeln.

Tipp
xxxxxxxxxxxxxxx
Schmeckt noch besser mit
etwas Rucolapesto (S. 51)
oder Crème fraîche mit
Schnittlauchröllchen.

Dreifarbiges Kartoffel- püree

xxxxxxxxxxxxxxxxxxxxxxxxxxxxxxxxx

AUS EIGENEM ANBAU

- 8 große Kartoffeln, schälen und in Stücke schneiden
- für das grüne Püree: 3 Handvoll frische Erbsen
- für das rote Püree: 1 gekochte Rote Bete schälen, in Stücke schneiden
- für das orangefarbene Püree: 1 kleine Möhre ohne Grün schälen, in Stücke schneiden

AUS DEM KÜCHENSCHRANK

- Olivenöl
- Salz und Pfeffer aus der Mühle

xxxxxxxxxxxxxxxxxxxxxxxxxxxxxxxxx

SO WIRD ES GEMACHT

Die Kartoffelstücke in wenig Salzwasser fast gar kochen. Anschließend je nach Farbwunsch eine der drei Gemüsesorten hinzugeben und kurz mitkochen. Abgießen, wenn die Kartoffelstücke und das Gemüse gar sind. Etwas Olivenöl hinzugeben und mit einer Gabel pürieren. Zum Schluss mit Salz und Pfeffer abschmecken.

Kartoffel- suppe mit Radieschen

xxxxxxxxxxxxxxxxxxxxxxxxxxxxxxxxx

AUS EIGENEM ANBAU

- 5 große Kartoffeln, schälen und in Stücke schneiden
- 1 Handvoll Radieschen, putzen, Stiele entfernen, in dünne Scheiben schneiden

AUS DEM KÜCHENSCHRANK

- Olivenöl
- Milch
- Salz und Pfeffer aus der Mühle

xxxxxxxxxxxxxxxxxxxxxxxxxxxxxxxxx

SO WIRD ES GEMACHT

Die Kartoffelstücke ca. 15 Minuten in etwas Salzwasser garen. Anschließend mit dem Stabmixer kurz im Topf pürieren. Gegebenenfalls mit etwas warmer Milch verdünnen. Mit Salz und Pfeffer abschmecken. Die Suppe in eine Suppenschüssel geben und mit Radieschenscheiben bestreuen. Mit Olivenöl beträufeln und servieren.

HAUSMANNS KOST FÜR HELDEN UND HALUNKEN

Wer draußen schuftet, hat eine ordentliche Mahlzeit verdient. Die Cowboysuppe schmeckt, als hätte man sie direkt über dem Holzfeuer zubereitet. Dazu passen pikante Chilibrötchen hervorragend – finden übrigens auch Couch-Potatos klasse.

Mit den Tortillachips lassen sich die Kartoffeln wunderbar auslöffeln.

Ofenkartoffeln mit Guacamole und Tortillachips

xxxxxxxxxxxxxxxxxxxxxxxxxxxxxxxxx

AUS EIGENEM ANBAU

- 4 Kartoffeln
- 1 Handvoll Koriander, abspülen, Stiele entfernen, fein schneiden
- ¼ rote Chilischote, Kerne entfernen, in feine Streifen schneiden
- 1 Tomate, abwaschen, Kerne entfernen, in kleine Würfel schneiden

AUS DEM KÜCHENSCHRANK

- Alufolie
- Salz und Pfeffer aus der Mühle

AUS DEM LADEN

- 1 reife Avocado, Kern entfernen, Fruchtfleisch auslöffeln, pürieren und mit Limettensaft vermischen
- Crème fraîche
- 1 Tortilla, in Dreiecke schneiden und in etwas Öl knusprig braten
- Saft von 1 Limette

xxxxxxxxxxxxxxxxxxxxxxxxxxxxxxxxx

SO WIRD ES GEMACHT

Den Ofen auf 200 °C vorheizen (Heißluft 180 °C). Die Kartoffeln nicht schälen, sondern putzen und anschließend trocken reiben. Danach in Alufolie wickeln, auf ein Backblech legen und in der Mitte des Ofens garen (Dauer: etwa 50 Minuten, vielleicht auch etwas länger). Mit einer Gabel prüfen, ob die Kartoffeln weich sind, bevor Sie sie aus dem Ofen nehmen. Die Kartoffeln oben kreuzweise einschneiden und mit den Fingern aufbrechen. Vorsicht, heiß!!!

Danach 1 Esslöffel Crème fraîche mit Avocadopüree, Koriander, Chilistreifen und Tomatenwürfeln vermischen. Gegebenenfalls mit Salz und Pfeffer abschmecken.

Die Kartoffeln jeweils mit etwas Guacamole füllen und ein paar Tortillachips hineindrücken.

Cowboysuppe

FÜR 4–6 PERSONEN

xxxxxxxxxxxxxxxxxxxxxxxxxxxxxx

AUS EIGENEM ANBAU

- 2 Kartoffeln, schälen und in Stücke schneiden
- 1 Zwiebel, würfeln
- ein paar Korianderzweige, abspülen, Blätter abzupfen

AUS DEM KÜCHENSCHRANK

- 2 EL Olivenöl
- Hühnerbrühewürfel (für 1 Liter Brühe)
- Salz und Pfeffer aus der Mühle

AUS DEM LADEN

- 1 Dose Mais
- 1 Dose Kidneybohnen
- 4 EL Crème fraîche

ZUBEHÖR

- Stabmixer

xxxxxxxxxxxxxxxxxxxxxxxxxxxxxx

SO WIRD ES GEMACHT

Die Zwiebel im Öl goldgelb und glasig dünsten. Den Mais und die Brühe hinzugeben, aufkochen und köcheln lassen. Die Suppe grob pürieren und die Kartoffelstückchen hinzugeben. Weiterköcheln lassen. Die Bohnen hinzugeben, sobald die Kartoffeln gar sind. Da die Bohnen vorgegart sind, werden sie nur kurz mitgekocht, bis sie warm sind. Die Suppe in vier Teller oder Schüsseln geben und jeweils 1 Esslöffel Crème fraîche daraufgeben. Mit Korianderblättern bestreuen. Hierzu passen Tortillas und (für Erwachsene oder Kinder, die es scharf mögen) jeweils 1 Esslöffel süße Chilisoße.

Tipp

xxxxxxxxxxxxxxxx

Chilibrötchen lassen sich am schnellsten mit einer fertigen Brotmischung zubereiten. Dazu 1 in feine Streifen geschnittene rote Chilischote in den Fertigteig kneten, den Teig um einen Stock wickeln und über einem Feuerkorb backen. Oder den Teig zu Brötchen kneten und diese 20–30 Minuten in einem auf 175 °C vorgeheizten Ofen knusprig backen.

Zucchini

Zucchini

ERSTAUNLICH, DASS EINE SO UNSCHEINBARE PFLANZE SO VIEL KÖSTLICHES HERVORBRINGT. RESPEKT!

Einfache Sorten

Zucchinipflanzen wachsen sehr stark und schlängeln sich im Nu durch den halben Garten. Deshalb sollte man zwischen zwei Pflanzen mindestens einen Meter Abstand lassen. Für den Zucchini-Anbau in Obstkisten benötigen Sie eine Kletterhilfe oder Sie wählen eine Sorte, die weniger stark wächst.

Aussaat

Zucchinisamen keimen sehr leicht und können bereits ab April drinnen oder draußen unter Glas oder Folie ausgesät werden. Ab Mai ist die Aussaat im Freien möglich. Nachdem Sie die Samen in die Erde gedrückt haben, darf nur leicht bewässert werden, denn Zucchinisamen sind sehr fäulnisempfindlich. Nach etwa einer Woche treiben die Samen aus. Zucchini brauchen viel Sonne, sollten aber windgeschützt stehen. Wenn die Sämlinge ein paar Tage alt sind, sollten Sie zwei Drittel der Pflanzen entfernen.

Bestäubung

Zucchinipflanzen haben männliche und weibliche Blüten. Die weiblichen erkennt man am sogenannten Fruchtknoten: Dieser Teil sieht aus wie eine kleine, behaarte Zucchini. In den männlichen Blüten, die länger sind als die weiblichen, ist der Blütenstaub erkennbar. Nur die weiblichen Blüten tragen Früchte, sofern sie von Bienen, Hummeln oder anderen Insekten bestäubt werden.

Pflege

Zucchinipflanzen haben große Blätter, über die viel Wasser verdunstet. Daher ist regelmäßiges Wässern und Düngen notwendig – die Erde darf keinesfalls austrocknen. Um Fäulnis zu vermeiden, muss immer an den Wurzeln gegossen werden.

Einen ganzen Sommer lang Blüten und Früchte

Ernte

Zucchinipflanzen entwickeln den ganzen Sommer hindurch Blüten und Früchte. Die Blüten sind essbar, zum Beispiel frittiert (siehe S. 34). Sie sollten aber erst kurz vor der Verwendung gepflückt werden, denn sie werden schnell welk. Je kleiner die Zucchini, umso besser der Geschmack. Sehr große Zucchini sehen zwar toll aus, schmecken aber eher fad. Zucchini werden geerntet, indem man mit einem scharfen Messer den Stiel durchtrennt. Je regelmäßiger man erntet, umso mehr Blüten und Früchte entwickelt die Pflanze.

Krankheiten

Die Früchte von unzureichend bestäubten Zucchiniblüten verfaulen schnell. Solche Exemplare sollten Sie sofort entfernen, bevor andere Blüten und Früchte von Fäulnis befallen werden.

Mehltau

Zucchinipflanzen sind sehr anfällig für den Echten Mehltau (weiße Flecken auf den Blättern), vor allem die etwas älteren Pflanzen. Der Grund für die Erkrankung ist meist eine zu dichte Bepflanzung und/oder trockene Witterung. Mehltau lässt sich durch das Entfernen der befallenen Blätter bekämpfen.

Schmutzige Hände erlaubt

SCHRITT 1

Erst den Boden lockern, wässern und, falls erforderlich, etwas düngen.

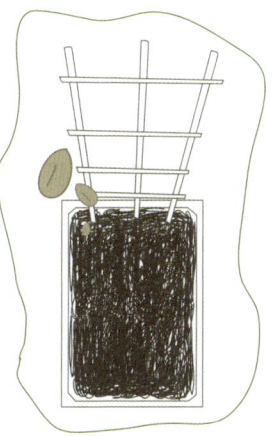

SCHRITT 2

An der Stelle, an der Sie später die Zucchini ernten möchten und an der sich eine Kletterhilfe befindet, jeweils 3 Samen in die Erde drücken.

Tipp

xxxxxxxxxxxxxxxx

Witzig: Wenn Sie mit einem Messer Ihren Namen in eine junge Zucchini kratzen (die etwa 10 cm groß ist), ernten Sie später eine Frucht, die Ihren Namen trägt. Denn Zucchini bilden eine Art weißes Narbengewebe an „verletzten" Stellen.

SCHRITT 3

Zwei Drittel der Sämlinge entfernen. Sie können diese verschenken oder irgendwo in der Umgebung auspflanzen (siehe S. 36, Guerrilla-Gardening).

SCHRITT 4

Nach etwa acht Wochen bilden sich die ersten Früchte. Lassen Sie Zucchini nicht zu groß werden, dann schmecken sie besser.

SCHRITT 5

Nach etwa neun Wochen beginnt die Dauerernte.

Tipp
xxxxxxxxxxxxxxxx
Nicht gehaltvoll genug?
Zusammen mit Spaghetti,
Bucatini oder Tagliatelle
zaubern Sie im Nu eine
vollwertige Mahlzeit.
Alles gut erwärmen,
ein paar Esslöffel
Schmand hinzugeben,
mit Parmesan bestreuen
und mit Zitronensaft
beträufeln.

Zucchini-spaghetti

Einer gesunden, viele Früchte tragenden Zucchini-pflanze wird man nur schwer Herr. Daher ist ein Gericht, für das große Mengen Zucchini benötigt werden, ideal. Das Schneiden kostet zwar etwas Zeit, aber es lohnt sich: Täuschend echt ähneln Zucchinispaghetti echten Spaghetti. So trickst man Gemüseverweigerer aus.

xxxxxxxxxxxxxxxxxxxxxxxxxxxxxx

 **AUS EIGENEM ANBAU**
- 1 große Zucchini, in sehr feine Streifen schneiden
- 1 Handvoll Basilikumblätter, abspülen und in Streifen schneiden

AUS DEM KÜCHENSCHRANK
- 2 Knoblauchzehen, schälen und fein schneiden
- 2 EL Olivenöl
- Salz und Pfeffer aus der Mühle

xxxxxxxxxxxxxxxxxxxxxxxxxxxxxx

SO WIRD ES GEMACHT
Das Öl in einem Wok oder einer tiefen Pfanne erwärmen. Die Zucchinistreifen kurz bei hoher Hitze anbraten. Regelmäßig vorsichtig mit einer Zange oder einem Pfannenheber aus Holz umrüh-ren. Knoblauch hinzugeben. Mit Salz und Pfeffer abschmecken. Auf Teller geben und mit Basilikum-streifen bestreuen.

Tipp
xxxxxxxxxxxxx
Schmeckt herrlich zu einem einfachen Salat aus reifen Tomaten mit einem Dressing aus Olivenöl, Salz und Pfeffer.

Blechkuchen mit Zucchini und Manchego

xxxxxxxxxxxxxxxxxxxxxxxxxxxxxxxx

 **AUS EIGENEM ANBAU**
- 2 große Zucchini, abspülen und in dünne Scheiben schneiden

AUS DEM KÜCHENSCHRANK
- 4 EL Olivenöl
- grobes Meersalz und Pfeffer aus der Mühle

Tipp
xxxxxxxxxxxxxxx
Statt Manchego können Sie auch einen würzigen Bergkäse oder Parmesan verwenden.

AUS DEM LADEN
- Blätterteig (Rolle)
- 1 Tasse geriebener Manchego (spanischer Hartkäse aus Schafmilch)

xxxxxxxxxxxxxxxxxxxxxxxxxxxxxxxx

SO WIRD ES GEMACHT
Den Ofen auf 180 °C vorheizen (Heißluft 160 °C). Ein Backblech oder eine Backform (etwa 35 x 20 cm) mit Backpapier auslegen und den Teig daraufgeben. Den Teig mit den Zucchinischeiben (überlappend) belegen, mit Käse, Salz und Pfeffer bestreuen und großzügig mit Olivenöl beträufeln. Den Kuchen circa 15 Minuten im Ofen goldbraun backen.

Frittierte Zucchini-blüten

XXXXXXXXXXXXXXXXXXXXXXXXXX

AUS EIGENEM ANBAU

- 4 Zucchiniblüten, an denen eine Minizucchini hängt

AUS DEM KÜCHENSCHRANK

- 3 EL gesiebtes Mehl
- Salz und Pfeffer aus der Mühle

AUS DEM LADEN

- Mineralwasser mit Kohlensäure

ZUBEHÖR

- Fritteuse oder eine tiefe Pfanne mit Öl
- Küchenrolle

XXXXXXXXXXXXXXXXXXXXXXXXXX

SO WIRD ES GEMACHT

Die Fritteuse auf 180 ˚C vorheizen oder eine ordentliche Menge Öl in der Pfanne erhitzen. In der Zwischenzeit einige Schichten Küchenpapier neben dem Herd auslegen. Das Mehl mit dem Mineralwasser zu einem zähflüssigen Teig vermischen. Salzen und pfeffern.
Die Zucchiniblüten durch den Teig ziehen, goldbraun frittieren und auf dem Küchenpapier abtropfen lassen.

Tipp
XXXXXXXXXXXXXX
Schmeckt köstlich mit einem Dip aus Joghurt, Mayonnaise und Kräutern.

Tipp
XXXXXXXXXXXXXX
Die Zucchiniblüten erhalten eine besondere Note, wenn Sie den Teig mit fein gehackten Kräutern oder etwas Sesam verfeinern.

Zucchini-türmchen mit Mozzarella und Tomaten

(FÜR ETWA 8 TÜRMCHEN)

xxxxxxxxxxxxxxxxxxxxxxxxxxxxxx

AUS EIGENEM ANBAU

- 1 mittelgroße Zucchini, abspülen und in 1 cm dicke Scheiben schneiden
- 2 reife Tomaten, abspülen und in Scheiben schneiden

AUS DEM KÜCHENSCHRANK

- Salz und Pfeffer aus der Mühle

AUS DEM LADEN

- 1 Kugel Mozzarella (vorzugsweise Büffel-mozzarella), in Scheiben schneiden

ZUBEHÖR

- Zahnstocher oder kleine Einweggabeln
- Backpapier

xxxxxxxxxxxxxxxxxxxxxxxxxxxxxx

SO WIRD ES GEMACHT

Den Ofen auf 200 °C vorheizen (Heißluft 180 °C). Die Zucchini-, Tomaten- und Mozzarellascheiben zu Türmchen stapeln, mit Salz und Pfeffer bestreuen und auf einem mit Backpapier bedeckten Backblech ca. 15 Minuten im Ofen garen. Vor dem Servieren in jedes Türmchen einen Zahnstocher oder eine Einweggabel drücken.

Tipp
xxxxxxxxxxxxxxxxxx
Die Türmchen kann man auch in einer geschlossenen Pfanne mit etwas Olivenöl bei mittlerer Hitze garen.

Notizen

GUERILLA GARDENING

in (8) Schritten

WILLKOMMEN IN DER WELT DES GUERILLA-GARDENING! FÜR DIE AKTIVE MITARBEIT BRAUCHT MAN LEDIGLICH EINE STURM-HAUBE, EIN *SEED GUN* UND EINEN SPATEN. ARBEITSZEIT: MITTEN IN DER NACHT. TÄTIG-KEIT: SAMENBOMBEN WERFEN.

Schritt 1:
Ein brachliegendes Stück Land oder einen kahlen Fleck in einem Park oder um einen Baum herum suchen. (Manche extreme Guerilla-Gärtner entfernen sogar Gehwegplatten für diesen Zweck!)

Schritt 2:
Was möchten Sie anbauen? Es empfiehlt sich auf jeden Fall, robuste Pflanzen zu nehmen. Und: Wie steht es mit der Wasserversorgung? Wo kommt das Wasser her?

Schritt 3:
Saatgut oder Pflanzen kaufen.

Schritt 4:
Die Samen je nach Jahreszeit auf der Fenster-bank vorziehen oder sogenannte *seed bombs* (Bällchen aus Samen, Humus und Tonpulver) bestellen. Der Vorteil von diesen Samenbomben: Mit ihnen erreicht man auch schwer zugäng-liche Flecken (durch Schießen). Der Nachteil: Das Ernten gestaltet sich schwierig.

Schritt 5:
Den Guerrilla-Garten umgraben und Garten-erde, eventuell mit etwas organischem Dünger angereichert, einarbeiten. In Baumnähe nicht zu viel neue Erde aufbringen, höchstens 5 bis 10 cm.

Schritt 6:
Den Guerilla-Garten in Bereiche gliedern und jeweils das gewünschte Gemüse aussäen oder pflanzen.

Schritt 7:
Vorkehrungen gegen Katzen treffen, zum Beispiel mithilfe von Zahnstochern (Fakir-bett) oder anderen Tipps von Seite 2.

Schritt 8:
Ernten!

Radieschen

Radieschen

RADIESCHEN AUS EIGENEM ANBAU SCHMECKEN NICHT NUR VIEL BESSER ALS GEKAUFTE, SIE SIND AUCH NOCH KNACKIGER. IHR ANBAU IST AUSSERDEM KINDERLEICHT: GELEGENTLICHES WÄSSERN GENÜGT. ERNTEN IST BEREITS NACH ZWEI BIS VIER WOCHEN MÖGLICH.

Aussaat

Radieschen werden von März bis September im Freien oder in Obstkisten ausgesät. Auch hier gilt: Nicht zu dicht säen, damit sich die Sämlinge gut entwickeln können. In einem Gemüsegarten können Radieschen auch als Begrenzung dienen. In dem Fall entsprechend aussäen.

Wäre doch alles so leicht wie der Anbau von Radieschen!

Pflege

Wäre doch alles so leicht wie der Anbau von Radieschen! Radieschen sind nämlich ziemlich anspruchslos. Nur Wasser brauchen sie reichlich. Zumindest, wenn sie nicht scharf schmecken sollen. Denn nur wenn sie ausreichend gewässert werden, haben Radieschen einen milden Geschmack.

In Obstkisten

Radieschen eignen sich wunderbar für den Anbau in Obstkisten, denn in Obstkisten ist die Erde wärmer als im Garten, und das mögen Radieschen.

Ernte

Radieschen sind meistens schon nach vier Wochen reif. Bei der Ernte sollten sie so groß sein wie eine große Murmel. Radieschen werden zwar mit dem Grün geerntet, aber dieses wird sofort entfernt. So bleiben die Radieschen knackig, sonst sind sie in weniger als zwei Stunden weich.

Tipp
xxxxxxxxxxxxxxxxx
Große Radieschen schmecken in der Regel nicht so gut wie kleine und sind zudem anfälliger für Schimmelpilze und Insekten.

Lagerung

Erntefrisch schmecken Radieschen am besten. Im Kühlschrank oder in einer Schüssel mit Wasser bleiben sie einige Tage frisch.

Farbenfrohe Mischung

Radieschen gibt es in allen möglichen Farben, nicht nur in Rot. Saatgutlieferanten bieten häufig vielfarbige Sortenmischungen an. Sie schmecken auch unterschiedlich und sehen auf einem Teller hübsch aus. Radieschen mit einem weißen Punkt schmecken etwas schärfer als Radieschen, die ganz rot sind. Es gibt auch zylindrische und ganz große Radieschen.

Radieschenfarben:
- Gelb
- Rosa
- Weiß
- Rot-Weiß
- Violett

Ein Verwandter der Radieschen ist der Rettich. Er ist zwar deutlich größer, schmeckt aber ähnlich.

Tipp
xxxxxxxxxxxxxxxx
Radieschen wirken sich positiv auf die Organe aus und sind harntreibend.

SCHRITT FÜR SCHRITT

SCHRITT 1

Den Boden lockern und befeuchten.

SCHRITT 2

Die Radieschen in Reihen aussäen. Auf ausreichend Abstand achten, damit sie sich gut entwickeln können.

SCHRITT 3

Bei warmor Witterung häufiger gießen. Nach etwa vier Wochen kann geerntet werden.

Tipp
xxxxxxxxxxxxxxxx
Alle zehn Tage etwa 20 Samen aussäen. So haben Sie immer frische Radieschen.

Tipp
xxxxxxxxxxxxxxxx
Radieschen, die an einem sonnigen Platz stehen, entwickeln weniger Grün und werden größer.

Notizen

„Say cheese" Käsebällchen mit Radieschen

FÜR 15 STÜCK

xxxxxxxxxxxxxxxxxxxxxxxxxxxxxxxxxxx

 AUS EIGENEM ANBAU
- 1 Handvoll Radieschen, Grün entfernen, putzen und in feine Scheiben schneiden

AUS DEM KÜCHENSCHRANK
- Salz und Pfeffer aus der Mühle

AUS DEM LADEN
- 1 Stück frischer, weicher Schafskäse (ca. 150 g)

xxxxxxxxxxxxxxxxxxxxxxxxxxxxxxxxxxx

SO WIRD ES GEMACHT

Den Käse zu Bällchen formen, etwa in der Größe eines Radieschens.
Die Radieschenscheiben auf einen Teller geben und die Käsebällchen darin wenden. Fertig!

Tipp

Ist der Schafskäse zu krümelig? Dann einfach mit etwas Frischkäse vermischen.

Tipp

Sie können die Käsebällchen auch in fein gehackten Kräutern oder Nüssen wenden.

Teller mit Radieschen und Wachteleiern

Tipp
xxxxxxxxxxxxxxxx
Statt Baguette können
Sie selbstverständlich
auch altbackenes Brot
verwenden.

Tipp
xxxxxxxxxxxxxxxx
Eine Variante gefällig?
Wie wäre es mit ein
paar Tomatenscheiben,
Sardellenstreifen oder
Kapern? Oder kleiden Sie
die Salatschüssel erst mit
frischem Kopfsalat aus.

xxxxxxxxxxxxxxxxxxxxxxxxxxxxxxxx

AUS EIGENEM ANBAU
- 2 Handvoll Radieschen, putzen, das Grün größtenteils entfernen
- 1 Handvoll Gartenkräuter, nur die Blätter, abspülen und fein hacken

AUS DEM KÜCHENSCHRANK
- grobes Meersalz und Pfeffer aus der Mühle

AUS DEM LADEN
- 8 Wachteleier, hart kochen, abkühlen lassen und schälen
- 1 kleine Tasse Sesam, in einer Pfanne ohne Fett rösten

xxxxxxxxxxxxxxxxxxxxxxxxxxxxxx

SO WIRD ES GEMACHT
Die Radieschen und Eier in der Mischung aus fein gehackten Kräutern, Salz und Pfeffer wenden und auf einem schönen Teller anrichten. Den Sesam in eine kleine Schale geben und dazu servieren. Mit Blütenblättern/Veilchen dekorieren.

Knuspriger Brotsalat mit Radieschen

xxxxxxxxxxxxxxxxxxxxxxxxxxxxxxxx

AUS EIGENEM ANBAU
- 2 Handvoll Radieschen, putzen, das Grün entfernen, halbieren
- 1 Handvoll Basilikumblätter, abspülen und grob hacken

AUS DEM KÜCHENSCHRANK
- Olivenöl
- 2 Knoblauchzehen, schälen und pressen
- 2 EL Balsamicoessig, für das Dressing Salz und Pfeffer aus der Mühle

AUS DEM LADEN
- 1 dünnes Baguette
- 4 Eier, kochen, schälen und vierteln
- 10 kleine Essiggurken (Cornichons)

xxxxxxxxxxxxxxxxxxxxxxxxxxxxxxxx

SO WIRD ES GEMACHT
Das Brot in Würfel schneiden. 4 Esslöffel Öl in einer Pfanne erhitzen. Die Würfel goldbraun und knusprig rösten und auf Küchenpapier abtropfen lassen. Für das Dressing den Essig erst mit Knoblauch, Salz und Pfeffer vermischen und dann mit dem Öl. Die Radieschen, das Brot und die Cornichons in einer schönen Schüssel vermischen. Mit Basilikum und Ei garnieren und kurz vor dem Servieren mit Dressing beträufeln (damit das Brot knusprig bleibt und nicht weich wird).

CAFÉ DEL MAR

Ein heißer Sommertag: Gazpacho aus dem Gemüsegarten und ein kühles Glas Limo – fast fühlt man sich
schon wie im Urlaub in Spanien.

Tipp
xxxxxxxxxxxxxxx
Ideales Mittagessen an
heißen Sommertagen:
knuspriges Weißbrot aus
dem Ofen mit Olivenöl mit
Knoblauch oder (richtig
spanisch!) mit Olivenöl
und pürierten frischen
Tomaten einreiben.

Pikanter Gazpacho

xxxxxxxxxxxxxxxxxxxxxxxxxxxx

AUS EIGENEM ANBAU

- 3 Handvoll Radieschen ohne Grün, putzen
- 1 kleine Zwiebel, schälen und würfeln
- 2 Tomaten, abspülen, Stielansatz entfernen, halbieren
- ¼ rote Chilischote, abspülen und klein hacken

AUS DEM KÜCHENSCHRANK

- 3 EL Olivenöl

Notizen

AUS DEM LADEN

- ½ Salatgurke, abspülen, würfeln
- ½ rote Paprikaschote, abspülen, Saatleisten entfernen
- 2 Gläser Tomatensaft

ZUBEHÖR

- Küchenmaschine oder Stabmixer
- Handvoll Eiswürfel

xxxxxxxxxxxxxxxxxxxxxxxxxxxx

SO WIRD ES GEMACHT

Ein paar Radieschen zurückbehalten und in Scheiben
schneiden. Alle Zutaten (auch die Eiswürfel) in der
Küchenmaschine pürieren. Eventuell mit Salz und
Pfeffer abschmecken. Etwas Tomatensaft hinzugeben, falls die Suppe zu dick ist. Die kalte Suppe in
eine Suppenschüssel geben und mit den Radieschenscheiben garnieren.

Tortilla-brötchen

XXXXXXXXXXXXXXXXXXXXXXXXXXXXXX

AUS EIGENEM ANBAU

- 5 festkochende Kartoffeln, schälen und würfeln
- 1 Handvoll gemischter Salat, waschen und trocken schütteln
- 2 reife Tomaten, abspülen und in Scheiben schneiden

AUS DEM KÜCHENSCHRANK

- Öl
- 4 Eier
- Salz und Pfeffer aus der Mühle
- 4 EL Mayonnaise

AUS DEM LADEN

- 4 Brötchen

ZUBEHÖR

- Bratpfanne (20–25 cm Ø) mit dickem Boden

XXXXXXXXXXXXXXXXXXXXXXXXXXXXXX

SO WIRD ES GEMACHT

Die Kartoffelwürfel 5 Minuten bei starker Hitze in 3 Esslöffel Öl braten. Die Eier in einer Schüssel schaumig schlagen und die Kartoffelwürfel hineingeben. Pfeffern und salzen und die Masse wieder in die Pfanne füllen.

Die Hitze stark reduzieren. Die Tortilla umdrehen, sobald sie zu stocken anfängt (Trick: Die Tortilla aus der Pfanne auf einen flachen Teller rutschen lassen, mit einem zweiten Teller bedecken, umdrehen und wieder in die Pfanne rutschen lassen). Die Tortilla weiter garen lassen. Die abgekühlte Tortilla in Dreiecke schneiden und zusammen mit den Tomaten, dem Salat und der Mayonnaise auf die Brötchen geben.

Gracias por su visita

In Läden und auf Märkten in Spanien findet man manchmal tolle Blechdosen. Die sollten Sie unbedingt aufheben, wenn sie leer sind. Stellen Sie Nelken oder Rosen hinein – zur Not auch künstliche – und schon fühlen Sie sich fast wie in einer spanischen Cafeteria.

Salat

ANBAUTIPPS
Salat

WER EINMAL DAMIT ANGEFANGEN HAT, SELBST SALAT ANZUBAUEN, WIRD ES IMMER WIEDER TUN. DENN ER SCHMECKT SO KÖSTLICH UND ES IST SO EINFACH!

Einfache Sorten

Es gibt eine große Vielzahl an Salatsorten: Sommersalate, Wintersalate, schnell und langsam wachsende Salate, Rucola, Pflücksalat …

Aussaat

Folgen Sie den Anweisungen auf dem Saattütchen. Wenn es nicht zu kalt ist, kann man Salat bereits ab März draußen in Obstkisten aussäen.

Tipp
xxxxxxxxxxxxxxx
Wenn Sie alle zwei Wochen ein paar Samen von schnell wachsenden Salatsorten wie Rucola oder Pflücksalat aussäen, haben Sie den ganzen Sommer hindurch Salat.

Pflege

Salat braucht im Grunde nur zwei Dinge: feuchten Boden und Dünger. Und natürlich etwas Sonne. Sind diese Bedingungen erfüllt, dann erledigen die Salatpflanzen den Rest von allein. Wenn Sie Kopfsalat ausgesät haben, müssen Sie ihn ausdünnen, sobald die ersten Blätter sprießen: Entfernen Sie einen Teil der Sämlinge, damit die anderen Pflanzen sich gut entwickeln können. Bei Pflücksalat ist dies nicht nötig. Hier warten Sie einfach, bis die Pflanzen 3 bis 6 cm hoch sind und ernten stets ein paar Blätter. Die Blätter wachsen rasch wieder nach, so gibt es ständig Nachschub.

In Obstkisten

Auch Salat lässt sich wunderbar in Obstkisten anbauen. Sie müssen nur bedenken, dass die Erde in Kisten schneller austrocknet als im Garten. Deshalb: regelmäßig nachschauen, ob die Erde feucht genug ist, und bei Bedarf wässern.

Wintersalate

Neben Sommersalaten gibt es auch Sorten, die im Winter gedeihen, wie zum Beispiel Radicchio und Rucola. Diese Sorten werden im Juli in kleine Töpfe gesät, im August ausgepflanzt und im Dezember geerntet.

Ernte

Salat muss man rechtzeitig ernten, bevor er „schießt", also in die Höhe wächst und Blüten bildet. Denn fängt die Pflanze an, Samen zu entwickeln, wird sie ungenießbar. Wenn Sie nicht zu viel Saatgut auf einmal ansäen, sondern immer nur etwas, dann können Sie ständig ernterreifen Salat aus eigenem Anbau genießen. So vermeiden Sie Überproduktion und müssen keinen Salat wegwerfen.

Babyleaf

Babyleaf ist ein haltbarer junger Pflücksalat. Dieser Salat ist als Mischung erhältlich, Sie können ihn aber auch selber ziehen, indem Sie Samen diverser Salatsorten vermischen. Der Vorteil einer fertigen Babyleaf-Mischung ist, dass Sie nur einmal zu säen brauchen, um vielleicht fünf verschiedene Salatsorten ernten zu können.

Solange Sie die Erde feucht halten, erledigen die Salatpflanzen den Rest von allein.

So wird es gemacht:

- Die Salatsamen ziemlich dicht in Reihen aussäen.
- Regelmäßig wässern.
- Den Salat abschneiden, sobald die Pflanzen 3 bis 8 cm hoch sind.
- Den Salat zwei Fingerbreit über dem Boden abschneiden, damit er immer wieder nachwächst.

SCHRITT FÜR SCHRITT

SCHRITT 1

Die Erde gut lockern und die Samen gleichmäßig aussäen. Tipp: Säen Sie nicht zu viel auf einmal.

Achtung, bitte sparsam Säen!

Tipp

xxxxxxxxxxxxxxx

Salat in Tontöpfen müssen Sie öfter wässern. Da Tontöpfe porös sind, verdunstet das Wasser schneller.

SCHRITT 2

Die Samen mit einer dünnen Schicht Anzuchterde bedecken.

SCHRITT 3

Die Erde mit Wasser besprühen, nicht gießen. Dann heißt es abwarten.

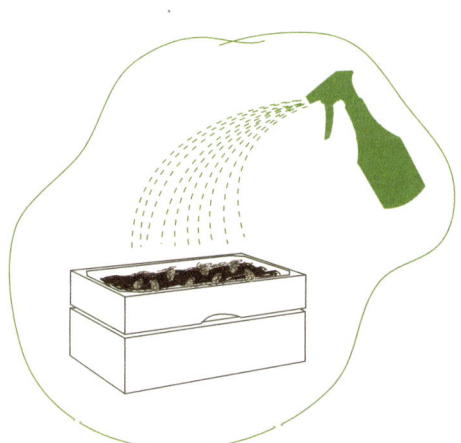

SCHRITT 4

Nach etwa zwei Wochen können Sie die erste Ernte einfahren.

Tipp
xxxxxxxxxxxxxxxxx
Wasabi ist ziemlich
scharf, meistens zu scharf
für Kinder. Die Lösung:
Wasabi-Mayonnaise mit
viel Mayonnaise und
wenig Wasabi. Am besten
nur ein wenig auf ein
Salatblatt geben, denn
sonst schmeckt man den
Lachs nicht mehr.

Tipp
XXXXXXXXXXXXX
Sie bevorzugen es milder?
Geben Sie einfach etwas
Basilikum oder Petersilie
hinzu.

Californian rolls

XXXXXXXXXXXXXXXXXXXXXXXXXXXXXXX

 AUS EIGENEM ANBAU

- einige feste Salatblätter, abspülen und trocken schütteln

AUS DEM LADEN

- 1 Stück roher Wildlachs, in schmale Streifen schneiden
- 1 reife Avocado, schälen, Kern entfernen und Fruchtfleisch in Streifen schneiden
- 1 Frühlingszwiebel, abspülen und in lange Streifen schneiden
- japanische Sojasoße (salzig)
- eventuell etwas Wasabi

ZUBEHÖR

- Zahnstocher

XXXXXXXXXXXXXXXXXXXXXXXXXXXXXXX

SO WIRD ES GEMACHT

Die Salatblätter mit jeweils einem Streifen Lachs, Avocado und Frühlingszwiebel belegen, aufrollen und mit einem Zahnstocher fixieren. Sojasoße und Wasabi zum Eintunken dazureichen.

Rucolapesto

XXXXXXXXXXXXXXXXXXXXXXXXXXXXXXX

AUS EIGENEM ANBAU

- 5 Handvoll Rucola, abspülen und trocken schütteln

AUS DEM KÜCHENSCHRANK

- Olivenöl
- Salz und Pfeffer aus der Mühle

AUS DEM LADEN

- 1 Tasse geriebener Parmesan
- 1 Handvoll Pinienkerne, rösten
- Saft von 1 Limette

ZUBEHÖR

- Küchenmaschine oder Stabmixer

XXXXXXXXXXXXXXXXXXXXXXXXXXXXXXX

SO WIRD ES GEMACHT

Alle Zutaten (außer Limettensaft) mit einem Schuss Öl in der Küchenmaschine grob pürieren. Bei laufendem Motor so viel Olivenöl hinzugeben, bis das Pesto schön cremig ist. Mit Limettensaft, Salz und Pfeffer abschmecken.

3 x Salat-dressing

ASIA-, FRANZÖSISCHES UND
AMERIKANISCHES DRESSING

xxxxxxxxxxxxxxxxxxxxxxxxxxxxxx

AUS EIGENEM ANBAU

- ½ Zwiebel, sehr fein würfeln
- 1 Handvoll Korianderblätter, abspülen und fein schneiden
- 1 Handvoll Blattpetersilie, ohne Stiele, abspülen und fein schneiden
- ein paar Schnittlauchstängel, abspülen und in Röllchen schneiden

AUS DEM KÜCHENSCHRANK

- Olivenöl (natives)
- feiner Essig
- 1 EL Sesam, rösten
- Salz und Pfeffer aus der Mühle

AUS DEM LADEN

- 1 EL japanische Sojasoße (salzig), für das Asia-Dressing
- 1 EL Sesamöl, für das Asia-Dressing
- 1 TL feiner Senf, für das französische Dressing
- 1 EL Pinienkerne, rösten und fein hacken, für das französische Dressing
- 1 EL Mayonnaise, für das amerikanische Dressing
- 1 EL geriebener Käse, für das amerikanische Dressing

xxxxxxxxxxxxxxxxxxxxxxxxxxxxxx

SO WIRD ES GEMACHT:

Asia-Dressing

2 Esslöffel Essig mit 1 Esslöffel Sojasoße und 1 Esslöffel Korianderblättern vermischen. 5 Esslöffel Olivenöl und 1 Esslöffel Sesamöl hinzugeben und zu einem cremigen Dressing verrühren.

Französisches Dressing

2 Esslöffel Essig mit 1 Teelöffel scharfem Senf, 1 Esslöffel Pinienkernen, ½ Esslöffel Zwiebeln und 1 Esslöffel Petersilie vermischen. 6 Esslöffel Olivenöl hinzugeben und alles zu einem cremigen Dressing verrühren. Mit Salz und Pfeffer abschmecken.

Amerikanisches Dressing

1 Esslöffel Mayonnaise mit 1 Esslöffel Käse, 1 Esslöffel Schnittlauchröllchen und 1 Esslöffel Wasser vermischen. Mit Salz und Pfeffer abschmecken.

Pizza „Less is More"

(MIT RUCOLA)

xxxxxxxxxxxxxxxxxxxxxxxxxxxxxxxxx

AUS EIGENEM ANBAU

- 2 Handvoll Rucola, abspülen und trocken schütteln

AUS DEM KÜCHENSCHRANK

- Olivenöl
- Salz und Pfeffer aus der Mühle

AUS DEM LADEN

- 1 Pizzateig-Backmischung
- 12 EL passierte Tomaten
- 2 Mozzarellakugeln (zum Beispiel Büffelmozzarella), in Scheiben schneiden

xxxxxxxxxxxxxxxxxxxxxxxxxxxxxxxxx

Notizen

SO WIRD ES GEMACHT

Den Ofen auf 240 °C vorheizen (Heißluft 220 °C). Den Teig nach den Angaben auf der Verpackung zubereiten und zu 6 gleich großen Kugeln formen. Diese auf einer mit Mehl bestäubten Arbeitsfläche zu dünnen Scheiben ausrollen, jeweils mit 2 Esslöffel passierten Tomaten bestreichen und mit einigen Mozzarellascheiben belegen. Die Pizzen im Ofen knusprig backen. Mit Rucola bestreuen, mit Olivenöl beträufeln und heiß auf Tellern servieren.

Tipp

xxxxxxxxxxxxxxxxx

Für eine edlere Variante können Sie den Mozzarella weglassen und stattdessen nach dem Backen (neben Rucola) Parmaschinken und frische Feigen auf die Pizzen geben. Mit Olivenöl und Balsamicoessig beträufeln – fertig!

Notizen

Essblumen

Essblumen

IHNEN SIND BLUMEN IM GARTEN LIEBER ALS SALAT? KEIN PROBLEM. DENN VIELE BLUMEN SIND ESSBAR.

Einfache Sorten

Fast alle Blumen sind essbar, aber nicht alle schmecken auch. Grundvoraussetzung ist natürlich, dass sie nicht mit irgendwelchen Mitteln behandelt wurden. Schmackhaft sind zum Beispiel Veilchen, Ringelblumen, Borretsch, Kapuzinerkresse und Zucchiniblüten. Auch unbehandelte Rosenblütenblätter kann man in einen Salat mischen. Rosen sind aber sehr pflegeintensiv, was unter anderem schon daran deutlich wird, wie viele Bücher es zu diesem Thema gibt.

Veilchen

Veilchen sind reich an Vitaminen und duften herrlich. Früher wurden sowohl die Wurzeln als auch die Stiele und Blätter für medizinische Zwecke verwendet, zum Beispiel bei Atemwegserkrankungen. Veilchen sind bereits ab Ende März als Pflanze erhältlich, man kann sie aber auch selbst ziehen. Wenn Sie in den Monaten März bis Mai säen, blühen Veilchen im August. Wenn Sie die Pflanzen stehen lassen, ist die Wahrscheinlichkeit ziemlich groß, dass sie auch im nächsten Jahr wieder blühen.

Ringelblumen

Der lateinische Name der Ringelblume lautet Calendula. Sie kennen den Namen bestimmt aus der Apotheke, zum Beispiel von Calendulasalbe. Diese Salbe wird aus Ringelblumenextrakt hergestellt. Ringelblumen schmecken sehr gut und blühen von Juni bis September oder noch länger, wenn sie zwischen März und Mai gesät werden. Ringelblumen und Veilchen vertragen sich gut als Nachbarn. Im Übrigen säen Ringelblumen sich selbst aus, sodass Sie mit ein bisschen Glück im nächsten Jahr wieder welche im Garten haben.

Kapuzinerkresse

Kapuzinerkresse sollte im Mai gesät werden, am besten an einem Zaun oder einer anderen Kletterhilfe. Denn Kapuzinerkresse ist eine Kletterpflanze, die ziemlich hoch wachsen kann. Sie blüht bis in den späten Herbst hinein, und so lange kann man auch die Blüten und Blätter ernten. Es gibt auch Sorten, die eher niedrig bleiben und sich somit für den Anbau in Obstkisten besonders eignen.

Borretsch

Blätter und Blüten dieser Pflanze schmecken ein wenig nach Gurke und sind sehr erfrischend. Die zahlreichen kleinen Blüten sind blau und verleihen einem Salat eine extravagante farbliche Note. Borretsch sollte im März oder April gesät werden und blüht dann zwischen Juni und August. Achtung: Die Pflanze erreicht eine Höhe von etwa 50 bis 60 cm.

In Obstkisten

Blumenanbau in Obstkisten gelingt fast immer. Und zwischen dem Gemüse sehen Blumen nicht nur hübsch aus, sie schützen auch oft vor Schädlingen (siehe S. 12). Blumensämlinge muss man etwas ausdünnen, damit sich die Pflanzen gut entwickeln können.

Blumenanbau in Obstkisten gelingt fast immer.

Ernte

Blumen werden geerntet, wenn sie blühen – und wenn Sie Lust darauf haben.

Vorsicht!

Blumen sind anfällig für Blattläuse. Ein Befall deutet meistens auf Nährstoffmangel und/oder zu wenig Sonne hin. Blattläuse lassen sich einfach bekämpfen. Besprühen Sie die befallenen Teile der Pflanze erst mit Seifenwasser und nach ein paar Stunden mit klarem Wasser. Vergessen Sie nicht, die Blüten vor dem Verzehr gründlich abzuwaschen.

SCHRITT FÜR SCHRITT

SCHRITT 1

Samen von schönen
Essblumen kaufen.

Tipp
xxxxxxxxxxxxxxxxxx
*Sie können Borretsch
auch im Herbst aus-
säen, denn die Pflanze
ist winterhart. So kön-
nen Sie im Mai bereits
Blüten pflücken.*

SCHRITT 2

Die Erde etwas lockern
und die Samen zwischen
März und Mai aussäen.

SCHRITT 4

Die Pflanzen stehen lassen.
Veilchen sind mehrjährig, Ringelblumen säen sich selbst aus.

SCHRITT 3

Im Sommer
die Blüten ernten.

Tipp
xxxxxxxxxxxxxxxx
Die Eiswürfelform
erst mit nur wenig
Wasser füllen. Wenn die
Blüten auf dem Wasser
treiben, Form in die
Gefriertruhe stellen und
Wasser gefrieren lassen.
Dann Form mit Wasser
auffüllen.

Flowers on the rocks

Tipp
xxxxxxxxxxxxxxxx
Vanilleschoten (zum Beispiel aus Tahiti oder Madagaskar) und frische Zitronenschale verleihen dem Zucker einen herrlichen Geschmack.

xxxxxxxxxxxxxxxxxxxxxxxxxxxxxx

AUS EIGENEM ANBAU
- 1 Handvoll Blüten oder Blütenblätter
- ein paar kleine Basilikumblätter

ZUBEHÖR
- Eiswürfelform

xxxxxxxxxxxxxxxxxxxxxxxxxxxxxx

SO WIRD ES GEMACHT
Die Eiswürfelform mit Wasser oder Limo füllen. In jeden Würfel eine Blume, ein paar Blüten- oder Basilikumblätter legen. Einfrieren. In Mineralwasser, Limo oder Prosecco servieren.

Einige Verwendungsmöglichkeiten

Bei Blumen aus dem eigenen Garten, vom eigenen Balkon oder aus dem Schulgarten Ihres Kindes wird es sich wahrscheinlich nicht um Riesenmengen handeln, sondern nur um ein paar Exemplare. Und wenn Kinder aus der Schule Blumen mitbringen, sind die Stiele wahrscheinlich sehr kurz oder fehlen ganz, und die Blume wurde im Schulranzen zwischen Büchern plattgedrückt. Aber auch für solche Blumen gibt es Verwendungsmöglichkeiten.

Lavendelzucker

FÜR 1 KG ZUCKER

xxxxxxxxxxxxxxxxxxxxxxxxxxxxxx

AUS EIGENEM ANBAU
- 1 Bund Lavendel

AUS DEM KÜCHENSCHRANK
- 1 kg Kristallzucker (aus Zuckerrüben oder Bio)

xxxxxxxxxxxxxxxxxxxxxxxxxxxxxx

SO WIRD ES GEMACHT
Den Lavendel zusammen mit dem Zucker in ein Glas geben. Gut schütteln und mindestens 2 Tage ruhen lassen.
Sie können den Lavendel auch mit Zuckersirup überziehen (siehe Rezept Hübsche Pralinen, Seite 60) und anschließend trocknen.
Siruplavendel passt gut zu einem Nachtisch oder auch in einen Salat mit Ziegenkäse.

Vanille-mascarpone mit Veilchen

xxxxxxxxxxxxxxxxxxxxxxxxxxxxxxx

AUS EIGENEM ANBAU
- 1 Handvoll Veilchen oder andere essbare Blütenblätter

AUS DEM KÜCHENSCHRANK
- 1 EL Blütenhonig

AUS DEM LADEN
- 4 gehäufte EL Mascarpone
- 6 gehäufte EL Vanillequark
- 1 TL geriebene Zitronenschale

xxxxxxxxxxxxxxxxxxxxxxxxxxxxxxx

SO WIRD ES GEMACHT
Mascarpone mit dem Quark, dem Honig und der Zitronenschale vermischen. Die Mischung in eine kleine Tasse geben und mit Blütenblättern dekorieren.

Hübsche Pralinen

FÜR ETWA 10 PRALINEN

xxxxxxxxxxxxxxxxxxxxxxxxxxxxxxx

AUS EIGENEM ANBAU
- 1 Handvoll kleine Essblumen, zum Beispiel Veilchen oder Ringelblumen

AUS DEM KÜCHENSCHRANK
- 1 Tasse Zucker

AUS DEM LADEN
- 10 Pralinen

ZUBEHÖR
- Küchenpinsel, Backpapier

xxxxxxxxxxxxxxxxxxxxxxxxxxxxxxx

SO WIRD ES GEMACHT
Den Zucker zusammen mit 1 Esslöffel kaltem Wasser in einem kleinen Topf bei niedriger Hitze und unter stetigem Rühren auflösen. Vorsicht! Der Zucker darf nicht braun werden, der Sirup muss hell bleiben. Den Sirup etwas abkühlen lassen. Die Blütenblätter mithilfe des Sirups auf die Pralinen kleben oder alternativ eine ganze Blume durch den Sirup ziehen, trocknen lassen und anschließend auf einer Praline befestigen.

Blumen-ketten selbst gemacht

XXXXXXXXXXXXXXXXXXXXXXXXXXXXX

MATERIAL & ZUBEHÖR

- Häkelgarn (Baumwolle)
- Häkelnadel Nr. 3 oder 4

XXXXXXXXXXXXXXXXXXXXXXXXXXXXX

SO WIRD ES GEMACHT

Etwa 20 cm vom Garnende entfernt eine Schlaufe machen. Damit kann man die Kette später fest-machen oder aufhängen.

Die Kette häkeln und alle 5 bis 10 cm eine Schlaufe einhäkeln. Die Abstände zwischen den Schlaufen dürfen verschieden sein. Wie macht man eine Schlaufe? 5 Maschen zurückzählen, in die 6. ein-stechen und Garn durchziehen, dann weiterhäkeln. Wenn Sie zwei Schlaufen nebeneinander setzen, können Sie die Blumen samt Stiel später besser befestigen, und sie bleiben gerade statt kopfüber nach unten zu hängen.

Am Ende der Kette Garn – mit etwas Zugabe – abschneiden und durchziehen.

Die Blumen, Zweige, Blätter oder andere Gegen-stände in die Schlaufen stecken.

Deko-Tipp: In eine Vase einige echte Blumen und Kunst-blumen stellen.

Tipp

XXXXXXXXXXXXXXXXX

Locker häkeln. Verschiedene Baumwollreste verwenden, sodass die Kette bunter wird.

Wie wäre es mit einer schönen Kette aus Herbstblättern? Oder einer Weihnachtsvariante mit Stechpalme und Tannenzweigen? Nach dem Tragen kann man die Kette aufhängen und trocknen, sie wird dann immer schöner!

Sie können nicht häkeln? Vielleicht kann Ihnen jemand aus Ihrem Bekanntenkreis helfen. Oder suchen Sie im Internet (zum Beispiel bei YouTube) nach einem Häkelkurs.

INFO IM NETZ:

LEIDER KÖNNEN WIR IN DIESEM BUCH NICHT ALLE PRAKTISCHEN GARTEN-
TIPPS AUFZÄHLEN. ABER IM INTERNET FINDEN SIE VIELE INTERESSANTE
WEBSITES ÜBER GEMÜSE- UND OBSTANBAU. EINE KLEINE AUSWAHL FINDEN
SIE AUF DIESER SEITE. SCHAUEN SIE SICH AUCH IN ALLER RUHE DIE VIELEN
FOREN AN, DA ERHALTEN SIE HÄUFIG SEHR PRAKTISCHE INFORMATIONEN.

www.squarefootgardening.com
Mel Bartholomew ist der Erfinder des
Square Foot Gardening

www.samen-bomben.de
Bestellseite für Samenbälle, um die Stadt
zu verschönern

www.urbanacker.net
Plattform für urbane Landwirtschaft

balkonliebe.de
Magazin für Balkonkultur und urbanes
Gärtnern

www.saatgutkampagne.org
Website mit Saatgutbörse und Links zu
vielen anderen interessanten Sites

www.krautundrueben.de
Website des gleichnamigen Magazins, das
viele interessante Gartentipps bereithält

www.gartentipps.com
Website mit Wissenswertem unter anderem
über Obst- und Gemüseanbau

www.biogartenversand.de
Umfangreiche Auswahl an Saatgut aus
biologischem Anbau, Jungpflanzen, Bio-
düngemitteln, Gartengeräten, Zubehör etc.

www.bio-gaertner.de
Website unter anderem mit Bezugsquellen
von Jungpflanzen alter Obst- und Gemüsesorten und einem Diskussionsforum rund
um den Biogarten

delitable.wordpress.com
Diese Kochschule zeigt, wie man fast ver-
gessenes Gemüse zubereitet

www.pflanzenversand-gaissmayer.de
Biokräuter und -saatgut, Essblüten, Heil-
kräuter, Teekräuter usw.

www.reben.de
Versand von Jungreben

www.was-wir-essen.de
Experten antworten auf Fragen
über Lebensmittel und den Anbau
von Obst und Gemüse

Websites

Möhren

Möhren

MÖHREN AUS EIGENEM ANBAU SIND KNACKIGER UND SÜSSER ALS GEKAUFTE. WORAUF WARTEN SIE DANN NOCH?

Aussaat

Das Saatgut darf höchstens 1 cm tief in die Erde eingearbeitet werden, und die Erde muss immer feucht sein. Ab April bis Ende Juli kann im Freien gesät werden. Vergessen Sie nicht, die Stelle zu markieren (zum Beispiel mit einem Aufkleber von S. 6). Denn die winzigen schwarzen Samen finden Sie sonst nie wieder.

Tipp
xxxxxxxxxxxxxx

Sie können sich die Aussaat von Möhren erleichtern und das Ausdünnen ersparen, wenn Sie spezielle Saatbänder verwenden.

Tipp
xxxxxxxxxxxxxx

Wenn Sie zwischen März und August immer wieder ein paar Möhrensamen aussäen, können Sie fast ganzjährig ernten.

Pflege

Möhren mögen lockeren Boden, benötigen aber fast keinen Dünger. Zu viel Dünger lässt zwar das Grün sprießen, nicht aber die Frucht. Möhren, die in sehr fester Erde gewachsen sind, haben oft merkwürdige Formen. Deshalb: Vor dem Aussäen den Boden etwa spatentief lockern. Interessant:

Wenn Möhren zum Beispiel auf einen Stein stoßen, brechen sie auseinander und wachsen um den Stein herum weiter. Es kann bis zu einem Monat dauern, bis das erste Grün zu sprießen anfängt. Jetzt müssen Sie nur darauf achten, dass die Erde feucht genug bleibt.

Ausdünnen

Etwa zwei Wochen nach dem Keimen sollten Sie die Möhrensämlinge ausdünnen. Beim Säen lässt sich fast nicht vermeiden, dass die Möhren sehr eng stehen und sich dann nicht gut entwickeln können. Mischen Sie Möhren- mit Radieschensamen, wenn Ihnen das Ausdünnen zu mühsam ist. Denn diese Kombination funktioniert perfekt. Alternativ können Sie auch Radieschen in Reihen mit Zwischenräumen von etwa 5 cm säen, und in diese Zwischenräume jeweils einen Möhrensamen geben. Die Radieschen sind schon erntereif, wenn die Möhren zu sprießen anfangen. Während die Radieschen abgeerntet werden, wachsen die Möhren weiter. Ausdünnen ist nicht mehr vonnöten, da die Pflanzen weit auseinanderstehen. Außerdem halten sie die Möhrenfliege fern. Denn offenbar wird beim Ausdünnen ein Duft freigesetzt, der sie anlockt.

Ernte

Nach etwa drei bis vier Monaten können die Möhren geerntet werden.

Solange sie genug Wasser bekommen, wachsen Möhren fast wie von selbst.

Wenn Sie die ganze Pflanze senkrecht aus dem Boden ziehen, sollte die Möhre unbeschadet herauskommen. Wer die leckeren Minimöhren liebt, kann bereits nach zwei Monaten ernten.

Notizen

SCHRITT 1

Möhrensamen kaufen.

Tipp
xxxxxxxxxxxxxxx
*Zwiebeln und Möhren
passen gut zusammen:
Die Zwiebel hält die
Möhrenfliege fern, die
Möhre die Zwiebelfliege.*

Tipp
xxxxxxxxxxxxxxx
*Es gibt auch violette,
rosafarbene, rote und
weiße Möhren.*

SCHRITT 2

Das Saatgut in eine 1 cm tiefe Furche
mit ausreichend Abstand aussäen.
Zwischen März und August alle vier
Wochen eine Reihe Möhrensamen säen.
Zwischen zwei Reihen einen Abstand
von mindestens 15 cm einhalten.

SCHRITT 3

Nach etwa drei bis vier Monaten eine
Möhre aus dem Boden ziehen, um festzu-
stellen, ob sie schon erntereif sind. Wenn
Sie im März gesät haben, können Sie im
Mai bereits die ersten knackigen Mini-
möhren aus eigenem Anbau verspeisen.
Wenn die Möhre noch zu klein ist, warten
Sie einfach noch ein paar Wochen.

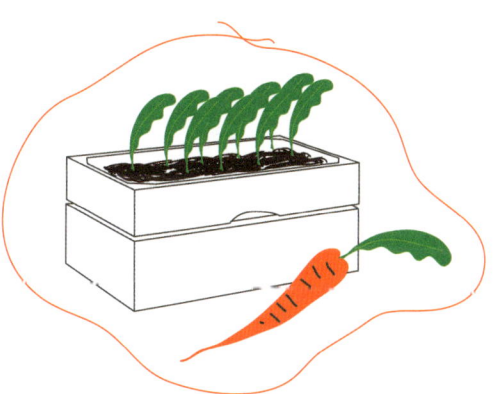

Möhrensalat

XXXXXXXXXXXXXXXXXXXXXXXXXXXXXX

 AUS EIGENEM ANBAU

- 1 Wintermöhre, schälen und fein reiben
- 1 Handvoll Korianderblätter, abspülen

AUS DEM KÜCHENSCHRANK

- 3 EL Mayonnaise
- Salz und Pfeffer aus der Mühle

AUS DEM LADEN

- Saft von ½ Zitrone
- 2 EL Sesam, rösten

XXXXXXXXXXXXXXXXXXXXXXXXXXXXXX

SO WIRD ES GEMACHT

Mayonnaise mit Zitronensaft, Pfeffer und Salz
vermischen. Die geriebene Möhre auf einen Teller oder in eine Schale geben, mit dem Dressing
beträufeln und mit Korianderblättern und Sesam
bestreuen.

Zitronen-
möhren aus
dem Ofen

XXXXXXXXXXXXXXXXXXXXXXXXXXXXXX

 **AUS EIGENEM ANBAU**

- 1 großer Bund Möhren, putzen, etwas
  Grün dranlassen

AUS DEM KÜCHENSCHRANK

- 2 EL Olivenöl
- Salz und Pfeffer aus der Mühle

AUS DEM LADEN

- 1 unbehandelte Zitrone, heiß abspülen, Schale
  abreiben, Saft auspressen, Saft und Schale
  vermischen

XXXXXXXXXXXXXXXXXXXXXXXXXXXXXX

Tipp
XXXXXXXXXXXXXXXX
Schmeckt köstlich zu
einem scharfen indischen
oder Thai-Curry.

SO WIRD ES GEMACHT

Den Ofen auf 180 °C vorheizen (Heißluft 160 °C).
Die Möhren zusammen mit Öl, Pfeffer und Salz
in eine feuerfeste Schale oder einen Bräter geben
und gut vermischen. Die Möhren 12–15 Minuten
gar werden lassen. Mit Zitronensaft beträufeln.

Tipp
XXXXXXXXXXXXXXXX
Wenn Sie Zitronenmöhren
übrig haben, können Sie
diese im Cheeseburger-
Rezept verarbeiten
(siehe S. 70).

Notizen

Möhren-Cheeseburger mit Minze-Knoblauch-Mayonnaise

xxxxxxxxxxxxxxxxxxxxxxxxxxxxxx

AUS EIGENEM ANBAU

- 10 Möhren, Grün entfernen, Möhren putzen und fein reiben
- 1 Handvoll Schnittlauch, abspülen und in Röllchen schneiden
- 2 mehlige Kartoffeln, kochen und pürieren
- ein paar Minzeblätter, abspülen und fein schneiden
- eventuell ein paar Salatblätter

AUS DEM KÜCHENSCHRANK

- 2 EL Olivenöl, zum Braten
- 3 EL Mayonnaise
- 1 Knoblauchzehe, schälen und fein hacken
- Salz und Pfeffer aus der Mühle

AUS DEM LADEN

- 4 Brötchen
- 2 Tassen geriebener mittelalter Käse

xxxxxxxxxxxxxxxxxxxxxxxxxxxxxx

SO WIRD ES GEMACHT

Möhrenraspel mit Schnittlauch, Kartoffeln und Käse vermischen und mit Salz und Pfeffer abschmecken. Mit den Händen 4 feste Bälle aus der Masse formen, platt drücken und in einer Pfanne mit Öl auf beiden Seiten goldbraun braten. Die Brötchen halbieren. Knoblauch, Minzeblätter und Mayonnaise verrühren. Die Brötchen mit der Knoblauch-Minze-Mayonnaise bestreichen und mit den Möhrenfrikadellen belegen.

Hippieshake mit Kokosmilch

AUS EIGENEM ANBAU

- 6 Möhren, Grün entfernen, Möhren putzen, in Stücke schneiden

AUS DEM LADEN

- 1 Dose Kokosmilch
- 1 reife Mango
- Saft von ½ Limette
- 1 Glas frisch gepresster Orangensaft

ZUBEHÖR

- Küchenmaschine

SO WIRD ES GEMACHT

Alle Zutaten in der Küchenmaschine zu einem cremigen Shake vermischen.

Tipp

xxxxxxxxxxxxxxxx

Bei diesem Shake dürfen Sie ruhig ein wenig experimentieren, zum Beispiel mit fein gewürfelter Ingwerwurzel, türkischem Joghurt statt Kokosmilch, einer Extraportion Limettensaft oder ein paar Chilistreifen.

Notizen

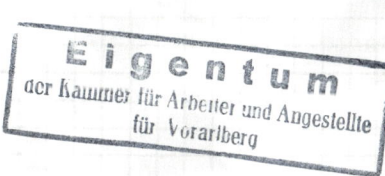

AUS DEN BERGEN

Selbst angebaute Kartoffeln und geschnetzeltes Gemüse
mal auf Schweizer Art. Jetzt fehlen nur noch eine
karierte Tischdecke und Geranien im Topf. Ach ja,
und jodeln nicht vergessen!

Apfel-Möhren-Päckchen mit Kürbiskernen

xxxxxxxxxxxxxxxxxxxxxxxxxxxxx

AUS EIGENEM ANBAU
- 1 Möhre, Grün entfernen, Möhre putzen und fein reiben

AUS DEM KÜCHENSCHRANK
- 2 EL Honig
- 1 Prise Salz
- 1 Eigelb, schaumig schlagen
- 1 EL Rohrzucker

AUS DEM LADEN
- 2 Kochäpfel (Boskop, Cox Orange), schälen und fein reiben
- 4 Blätter Filoteig
- 1 Handvoll Kürbiskerne

ZUBEHÖR
- Küchenpinsel

xxxxxxxxxxxxxxxxxxxxxxxxxxxxxxxxxxxx

Tipp
xxxxxxxxxxxxxxxx
Köstlich mit einer Kugel
Joghurt- oder Walnusseis.

SO WIRD ES GEMACHT

Den Ofen auf 200 ˚C vorheizen (Heißluft 180 ˚C). Die Äpfel mit Möhrenraspeln, Honig und Salz vermischen. Die 4 Teigblätter nebeneinander ausbreiten. Auf jedes Blatt etwas von der Möhrenmischung geben. Die Blätter wie ein Kuvert zusammenfalten, mit Eigelb bestreichen und mit Kürbiskernen und Zucker bestreuen. Die Päckchen im Ofen ca. 20 Minuten goldbraun backen.

Heidi-und-Peter-Pizza

Eigentlich ist das gar keine Pizza, aber rund ist das Ganze schon, außerdem schön knusprig, mit Käse bestreut und bei Kindern sehr beliebt.

xxxxxxxxxxxxxxxxxxxxxxxxxxxxxxxxxxx

AUS EIGENEM ANBAU
• 4 Kartoffeln, schälen, dünn hobeln oder in sehr dünne Scheiben schneiden

AUS DEM KÜCHENSCHRANK
• 1 EL Öl, zum Braten
• Salz und Pfeffer aus der Mühle

AUS DEM LADEN
• 1 Tasse geriebener Käse, am besten ein Schweizer Hartkäse wie Emmentaler oder Greyerzer

xxxxxxxxxxxxxxxxxxxxxxxxxxxxxxxxxxx

SO WIRD ES GEMACHT
Etwas Öl in eine Pfanne mit dickem Boden geben und die Kartoffelscheiben überlappend hineinlegen. Mit Salz, Pfeffer und Käse bestreuen und dann bei hoher Hitze ein paar Minuten braten. Danach die Hitze reduzieren, den Deckel auf die Pfanne geben und die „Pizza" in ca. 30 Minuten fertig garen.

Mit einer rot karierten Tischdecke, Servietten mit Edelweißmotiv und einem mit Blumen verzierten Geschirr erzeugen Sie im Nu Schweizer Flair. Und als Hintergrundmusik stimmt Sie zünftiger Alpenrock auf die köstliche Pizza ein.

Gartenkräuter

Gartenkräuter

KRÄUTER SIND DIE PFLEGELEICHTESTEN UND DANKBARSTEN PFLANZEN EINES GEMÜSEGARTENS. SCHON EIN PAAR ZWEIGE VERLEIHEN AUCH DEN EINFACHSTEN GERICHTEN EINEN ECHTEN „GARTENGESCHMACK".

Thymian und Rosmarin

Thymian und Rosmarin sind holzbildende Kräuter, so genannt, weil ihre Stängel im zweiten Jahr holzig werden. Diese mediterranen Wildpflanzen lieben nährstoffarmen Boden. Deshalb sollten sie in einer Mischung aus Pflanzerde und Sand ($^2/_3$: $^1/_3$) ausgesät werden. Etwas Pflanzendünger benötigen sie alle zwei Wochen. Diese mehrjährigen Pflanzen sind zwar winterhart, überleben sehr kalte Winter aber eher selten. Wenn sie im zweiten Jahr stark zurückgeschnitten werden, treiben sie in den meisten Fällen wieder schön aus.

Petersilie

Petersilie ist eine zweijährige Pflanze. Nur im ersten Jahr können die Blätter geerntet werden, im zweiten Jahr entwickelt die Pflanze Blüten und Samen.

Basilikum

Basilikum ist nicht so pflegeleicht und geht im Garten wie im Topf auch meist bald wieder ein. Da bleibt dann nichts weiter übrig, als eine neue Pflanze zu kaufen und die abzuernten. Mit ein bisschen Glück gelingt es, Basilikum selbst zu ziehen. Wichtig hierbei: ein sonniger

Standort, feuchte Erde und zweiwöchentliche Düngergaben.

Minze

Minze ist eine robuste, winterharte und wucherfreudige Staude. Das macht sie zu einer idealen Pflanze für Obstkisten.

Läuse

Wenn Kräuter von Läusen befallen werden, ist das meistens Zeichen eines Mangels. Denn eine gut gedüngte Pflanze an einem sonnigen Standort ist gesund und nicht anfällig für Läuse. Läuse bekämpft man am besten mit Seifenwasser. Die befallenen Kräuter damit besprühen und nach ein paar Stunden mithilfe einer Gießkanne mit klarem Wasser gut abspülen.

Wer schnelle Ergebnisse vorzieht, kann die Kräuterpflanzen im Supermarkt oder Gartencenter kaufen und auspflanzen.

Aussaat

Kräuter zieht man am besten in Minigewächshäusern auf der Fens-

terbank. Voraussetzungen: sonniger Standort und feuchte Erde. Es kann allerdings ein paar Wochen dauern, bis die Pflanzen zu sprießen beginnen. Sie können den Keimprozess beschleunigen, indem Sie die Samen vor der Aussaat ein paar Minuten in Wasser einweichen. Ab Ende April können die Sämlinge im Garten oder in Töpfen ausgepflanzt werden.

Wesentlich einfacher ist es, Kräuter wie zum Beispiel Thymian, Majoran, Minze, Rosmarin, Oregano, Kerbel, Salbei, Zitronenmelisse, Petersilie oder Koriander bereits als Pflanzen zu kaufen.

Ernte

Kräuter erntet man, indem man immer wieder Teile der Pflanze abschneidet, am besten von oben nach unten oder ganze Stängel und vorzugsweise junge Blätter oder Nadeln. Schneiden Sie nie die ganze Pflanze ab, sondern lassen Sie immer ein paar Blätter oder Nadeln stehen, damit die Pflanze wieder neue produziert.

Aufbewahrung

Bei frischen Gartenkräutern gilt: Am besten schneiden Sie immer nur so viel ab, wie Sie brauchen.

SCHRITT 1
In Töpfen vorziehen.

SCHRITT 2
Nach ein paar Wochen die Sämlinge pikieren. Das bedeutet: die Sämlinge behutsam in einer Obstkiste auspflanzen. Oder stattdessen Kräuterpflanzen kaufen.

SCHRITT 4
Die Kräuterkiste in die pralle Sonne stellen, alle zwei Wochen düngen und die Kräuter ernten und essen.

SCHRITT 3
Die Kiste mit diversen Kräutern bepflanzen, aber immer zwei bis drei Pflanzen derselben Sorte nebeneinander.

Rohkost mit Kräutermayonnaise

xxxxxxxxxxxxxxxxxxxxxxxxxxxxxx

 **AUS EIGENEM ANBAU**

- diverse Gemüsesorten, abspülen und in Stücke/
  Streifen schneiden – darauf achten, welche
  Sorten Sie roh essen können und welche Sorten
  kurz gekocht werden müssen
- 1 Handvoll Kräuter, abspülen, trocken schütteln,
  Stängel entfernen, Kräuter fein hacken

AUS DEM KÜCHENSCHRANK

- Salz und Pfeffer aus der Mühle

AUS DEM LADEN

- 2 EL Mayonnaise
- 1 EL dicker (griechischer oder türkischer)
  Joghurt

xxxxxxxxxxxxxxxxxxxxxxxxxxxxxx

SO WIRD ES GEMACHT

Mayonnaise, Joghurt und fein gehackte Kräuter
vermischen, mit Salz und Pfeffer abschmecken und
in eine schöne Schale geben. Die Gemüsestücke
und -streifen auf einer großen Platte anrichten und
zusammen mit der Kräutermayonnaise servieren.

Tipp

xxxxxxxxxxxxxxxx
Mayonnaise mal anders:
1 Teelöffel Meerrettich
oder eine gepresste
Knoblauchzehe, scharfen
Senf oder Sardellenpaste
mit der Mayonnaise
verrühren.

Kräuterfrischkäse

SCHMECKT KÖSTLICH AUF BROT ODER BAGELS –
UND VIEL BESSER ALS DIE FERTIGPRODUKTE
AUS DEM LADEN.

xxxxxxxxxxxxxxxxxxxxxxxxxxxxxx

 AUS EIGENEM ANBAU

- 2 Handvoll grüne Gartenkräuter, abspülen,
  trocken schütteln, Stängel entfernen, Kräuter
  fein hacken

AUS DEM KÜCHENSCHRANK

- Salz und Pfeffer aus der Mühle

AUS DEM LADEN

- Frischkäse (ca. 200 g)
- Brot oder Grissini

xxxxxxxxxxxxxxxxxxxxxxxxxxxxxx

SO WIRD ES GEMACHT

Die Kräuter mit dem Frischkäse vermischen und
mit Salz und Pfeffer abschmecken. Den Kräuterfrischkäse aufs Brot streichen oder als Dip zu
Grissini servieren.

Tipp

xxxxxxxxxxxxxxxx
Vollkornbrot mit
Kräuterfrischkäse,
Salatblättern, ein paar
Scheiben Salatgurke und
Räucherfleisch belegt –
köstlich!

Kräuteröl

AUS EIGENEM ANBAU

- ein paar Thymian- oder Rosmarinzweige
- eventuell ein paar Basilikumblätter (rechtzeitig aus dem Öl entfernen, da sie sonst verwelken)

AUS DEM KÜCHENSCHRANK

- ½ l gutes Olivenöl

AUS DEM LADEN

- 2 kleine getrocknete rote Chilischoten

ZUBEHÖR

- schöne kleine Flaschen
- Trichter

xxxxxxxxxxxxxxxxxxxxxxxxxxxxxxxx

SO WIRD ES GEMACHT

Das Olivenöl in einer Pfanne erwärmen, bis es lauwarm ist. Herd ausschalten. Die Kräuter und Chilischoten hineingeben und alles 1 Stunde ziehen lassen. Das Kräuteröl vorsichtig abfüllen.

Tipp

xxxxxxxxxxxxxxxxx

Das ganze Jahr lecker! Um auch im Winter Kräuter zu haben, sollte man sie entweder trocknen oder einfrieren. Trocknen eignet sich vor allem für festere Kräuter wie Rosmarin, Salbei und Oregano. Kräuter mit weichen, empfindlichen Blättern wie zum Beispiel Basilikum, Koriander, Kerbel und Petersilie sollte man einfrieren. Variante: Eine Eiswürfelform mit Wasser und Kräutern füllen, einfrieren und die Kräutereiswürfel in einer Dose oder einer Tüte im Gefrierschrank aufbewahren.

Notizen

Notizen

Weich gekochte Eier mit Croûtons

XXXXXXXXXXXXXXXXXXXXXXXXXXXXX

AUS EIGENEM ANBAU

- 1 Handvoll grüne Kräuter, abspülen, Stängel entfernen, Kräuter fein hacken

AUS DEM KÜCHENSCHRANK

- Salz und Pfeffer aus der Mühle

AUS DEM LADEN

- 4 weich gekochte Eier
- 4 Scheiben Weißbrot, toasten, in Streifen schneiden

XXXXXXXXXXXXXXXXXXXXXXXXXXXXX

SO WIRD ES GEMACHT

Die Eier „köpfen" und mit Kräutern, Salz und Pfeffer bestreuen. Die getoasteten Brotstreifen in das weiche Eigelb eintunken.

Tipp
XXXXXXXXXXXXXXX
Haben Sie schon einmal ein einfaches Ei zur leckeren Vorspeise eines schicken Essens gemacht? Mit einem Tropfen Olio al Tartufo (Trüffelöl) geht das.

MEZZE UND MINZE AUS DER MEDINA

Kombinieren Sie doch einmal Ihre Kräuter aus eigenem Anbau mit Zutaten aus dem marokkanischen Laden. So zaubern Sie einen Hauch von 1001 Nacht auf Ihren Tisch.

*Mit Goldfarbe an-
gemaltes Holzbe-
steck verwenden
und eine Kanne
Minztee auf den
Tisch stellen.*

Arabische Häppchen

xxxxxxxxxxxxxxxxxxxxxxxxxxxxxxxxx

AUS EIGENEM ANBAU

- 1 Fenchel mit Grün, putzen und sehr dünn hobeln
- ein paar Minzeblätter
- 1 Handvoll Korianderblätter, abspülen
- ¼ rote Chilischote, abspülen und fein hacken
- 1 Zwiebel, würfeln
- 2 Tomaten, abspülen und grob hacken

AUS DEM KÜCHENSCHRANK

- Olivenöl
- 2 Knoblauchzehen, fein hacken
- 1 TL Kreuzkümmel, in einem Mörser fein reiben
- Salz und Pfeffer aus der Mühle

AUS DEM MAROKKANISCHEN LADEN

- frische Medjoul-Datteln, ohne Kern
- Saft von ½ Zitrone
- 200 g Lammhack
- 1 Msaman, marokkanisches Fladenbrot, in Stücke reißen
- 1 Handvoll Pinienkerne, rösten und grob hacken
- 3 EL türkischer Joghurt
- 1 Handvoll Rosinen
- Kerne von 1 Granatapfel

Tipp
xxxxxxxxxxxxxxxx
Köstlich als Vorspeise,
Mittagessen oder als
Snack für zwischendurch.

xxxxxxxxxxxxxxxxxxxxxxxxxxxxxxxxx

SO WIRD ES GEMACHT

Das Hackfleisch mit der Chilischote, den Rosinen, dem Knoblauch, ½ Zwiebel, 1 Prise Salz und Pfeffer vermischen. Kleine Kugeln formen und im Öl ringsherum anbraten. Die Tomatenstücke und den Rest der Zwiebel hinzugeben und köcheln lassen, bis die Kugeln gar sind und die Tomatenmasse eingedickt ist. Mit Salz und Pfeffer abschmecken.

Den gehobelten Fenchel mit etwas Öl, Zitronensaft, Granatapfelkernen, Pfeffer und Salz vermischen.

Den Joghurt mit Kreuzkümmel, Koriander, Salz und Pfeffer vermengen.

Kleine Schälchen jeweils mit Hackbällchen, Fenchelsalat und Joghurtdip füllen und auf einen großen Teller stellen. Die Datteln dazwischenlegen und das Ganze mit Pinienkernen und Minzeblättern bestreuen. Fladenbrot dazu servieren.

Taboulé mit Kräuterpotpourri

Sie können Ihr Geschirr mit Porzellanfarbe verschönern, zum Beispiel mit arabischen Schriftzeichen oder Wörtern.

xxxxxxxxxxxxxxxxxxxxxxxxxxxxxxxx

 AUS EIGENEM ANBAU

- 4 gehäufte Handvoll Basilikum-, Koriander-, Minze- und Petersilienblätter, abspülen, Stängel eventuell entfernen und Kräuter fein hacken

AUS DEM KÜCHENSCHRANK

- Olivenöl
- Salz und Pfeffer aus der Mühle

AUS DEM LADEN

- 250 g Couscous
- 2 rote Zwiebeln, in sehr feine Ringe schneiden
- 6 reife Tomaten, entkernen, fein würfeln
- ½ Salatgurke, entkernen, fein würfeln
- Saft von ½ Zitrone (oder etwas mehr, falls gewünscht)

xxxxxxxxxxxxxxxxxxxxxxxxxxxxxxxx

SO WIRD ES GEMACHT

Couscous zusammen mit 1 Esslöffel Olivenöl in eine Schüssel geben und gut vermischen. 500 ml kochend heißes Wasser dazugeben (Couscous und Wasser immer im Verhältnis 1 : 2). Quellen und abkühlen lassen.

Danach die Kräuter, Zwiebeln, Tomaten, Gurke und noch ein paar Esslöffel Olivenöl untermischen. Mit Zitronensaft, Salz und Pfeffer abschmecken und wenn gewünscht mit fein geschnittener Chilischote würzen.

Tipp
xxxxxxxxxxxxxxxxxx
Schmeckt herrlich zu geräucherter Makrele oder auch zu gegrillten Merguez-Würsten.

Küchenzwiebel

Küchenzwiebel

STECKT MAN EINE ZWIEBEL IN DIE ERDE, SPRIESST KURZE ZEIT SPÄTER EINE PFLANZE, AN DER AUCH WIEDER EINE ZWIEBEL HÄNGT. EINE ART KLONEN, ABER GANZ NATÜRLICH.

Einfache Sorten

Von allen Gemüsesorten ist die Küchenzwiebel (kurz Zwiebel genannt) in puncto Anbau am einfachsten zu handhaben. Kaufen Sie einfach ein Netz kleiner Zwiebeln im Supermarkt, suchen Sie die schönsten heraus und pflanzen Sie diese im März oder April draußen aus. Alternativ können Sie auch Steckzwiebeln aus dem Gartencenter verwenden. Zwiebeln vertragen leichten Frost, daher ist frühes Pflanzen kein Problem. Die Spitzen der Stecklinge dürfen durchaus ein wenig aus der Erde herausschauen. Schon nach wenigen Tagen ist erstes Grün sichtbar.

Tipp
xxxxxxxxxxxxxx
Auch Schalotten schmecken köstlich. Sie werden Anfang März gesetzt und Ende Juni, Anfang Juli geerntet, sobald das Grün verwelkt ist. Anders als bei Steckzwiebeln kann sich aus einer Schalotte eine Pflanze mit bis zu zehn Schalotten entwickeln.

Pflege

Küchenzwiebeln sind Zwiebelgewächse: In der Zwiebel befindet sich ein Fruchtknoten, aus dem im nächsten Jahr Blüte und Samen entstehen. Zwiebeln stellen keine großen Ansprüche an die Bodenbeschaffenheit und wachsen sehr gut auf sandigen Böden. Die Erde darf nicht zu feucht sein, denn Zwiebeln sind sehr fäulnisanfällig. Sie lieben Sonne und sind „einjährig". Bleiben Zwiebeln im Boden zurück, entwickeln sie im Jahr darauf nur Blüten.

Eine Schalotte gepflanzt, bis zu zehn geerntet!

In Obstkisten

Zwiebeln können auch in Obstkisten gezogen werden. Vor dem Aussäen erst die Erde lockern, damit die Zwiebeln sich gut entwickeln können. Ab Mitte März wird gesät und frühestens von Mitte Juni an (Frühlingszwiebeln) bis September (Küchenzwiebeln) geerntet. Ob sie erntereif sind, erkennt man am Grün: Ist es verwelkt, kann die Zwiebel geerntet werden.

Achtung!

Zwiebelfliegen legen ihre Eier am Fuße der Pflanze ab. Befallene Zwiebeln müssen sofort entfernt werden, um dem Befall der gesunden Pflanzen vorzubeugen. Ein probates Mittel gegen die Zwiebelfliege sind Möhren. Einfach eine Reihe Möhren neben den Zwiebeln ansäen. Die Möhren vertreiben die Zwiebelfliege, die Zwiebeln die Möhrenfliege.

Ernte

Erst wenn das Grün üppig ist, kann die Ernte erfolgen. Wenn Sie nur die Zwiebeln, nicht das Grün verwenden wollen, können Sie warten, bis das Grün verwelkt ist. Bei der Ernte wird die ganze Pflanze vertikal aus dem Boden gezogen. Schalotten werden im Sommer geerntet (Ende Juni bis Ende August), Zwiebeln ab Ende August.

Lagerung

Junge Zwiebeln (Frühlingszwiebeln) kann man frisch essen, andere Zwiebeln müssen vor der Verwendung erst getrocknet werden. Dazu werden Sie an einem trockenen Ort ausgelegt, eventuell auf Zeitungspapier, oder alternativ am Grün aufgehängt.

Tipp
xxxxxxxxxxxxxx
Bei Zwiebeln, die früh geerntet werden (Frühlingszwiebeln), verwendet man auch das Grün.

SCHRITT 1

Im Gartencenter schöne
kleine Steckzwiebeln
kaufen.

SCHRITT 2

Die Steckzwiebeln in
die Erde drücken, die
Spitzen sollten etwas
herausschauen.

Tipp

xxxxxxxxxxxxxxxxxx

*Knoblauch ist nicht
ganz so einfach anzu-
bauen wie Zwiebeln.
Da Knoblauch ein Frost-
keimer ist, ist November
die beste Pflanzzeit.
Nehmen Sie einfach ein
paar Zehen aus einer
Knolle und stecken Sie
sie wie Zwiebeln in die
Erde. Dann müssen Sie
nur noch abwarten.*

Tipp

xxxxxxxxxxxxxxxxxx

*Zwiebelfliegen lassen
sich auch von anderen
Pflanzen abschrecken:
Petersilie und Ringel-
blumen.*

Tipp

xxxxxxxxxxxxxxxxxx

*Tagetes und Ringel-
blumen zwischen den
Zwiebeln halten Nema-
toden fern.*

SCHRITT 3

Nach etwa acht Wochen treiben sie aus.
Ernten, wenn das Grün verwelkt ist.

Umgedrehte Zwiebel-törtchen

xxxxxxxxxxxxxxxxxxxxxxxxxxxx

AUS EIGENEM ANBAU

- 2 Zwiebeln, schälen und in Scheiben schneiden
- ein paar Thymianblätter

AUS DEM KÜCHENSCHRANK

- Olivenöl
- Salz und Pfeffer aus der Mühle

AUS DEM LADEN

- 4 Blätter Blätterteig, auftauen

ZUBEHÖR

- 4 Tortenförmchen (ca. 8 cm Ø)

xxxxxxxxxxxxxxxxxxxxxxxxxxxx

SO WIRD ES GEMACHT

Den Ofen auf 180 °C vorheizen (Heißluft 160 °C). Die Förmchen mit den Zwiebelscheiben füllen, mit etwas Öl beträufeln und mit Thymian, Pfeffer und Salz bestreuen.

Die Förmchen 5 Minuten im Backofen backen. Inzwischen aus dem Blätterteig Kreise schneiden, 3 cm größer als die Förmchen. Die Förmchen aus dem Ofen nehmen, die Zwiebel mit den Teigkreisen bedecken und die Törtchen ca. 10 Minuten backen, bis sie goldbraun sind.

Tipp
xxxxxxxxxxxxxxxx
Geben Sie vor dem Backen etwas zerbröckelten, frischen Ziegenkäse in die Förmchen. Zusammen mit einem grünen Salat haben Sie so ganz schnell eine vollwertige Mahlzeit.

Zwiebel-Sar-dellen-Brot

FÜR 1 BROT

xxxxxxxxxxxxxxxxxxxxxxxxxxxxxx

AUS EIGENEM ANBAU

- 1 oder 2 rote Zwiebeln, schälen und in dünne Ringe schneiden

AUS DEM KÜCHENSCHRANK

- Olivenöl
- Pfeffer aus der Mühle

AUS DEM LADEN

- 1 Brotbackmischung für 1 Brot
- ein paar Sardellenfilets

ZUBEHÖR

- Backpapier

xxxxxxxxxxxxxxxxxxxxxxxxxxxxxx

Tipp
xxxxxxxxxxxxxxxx
Lassen Sie Ihrer Fantasie freien Lauf und probieren Sie andere Zutaten aus: Knoblauch, frische Kräuter, eine Handvoll geriebene Zucchini oder eine Handvoll gehackte schwarze oder grüne Oliven.

SO WIRD ES GEMACHT

Den Ofen auf 220 °C vorheizen (Heißluft 200 °C). Den Teig gemäß Anleitung auf der Verpackung zubereiten. Den Teig ausrollen und auf ein mit Backpapier bedecktes Backblech legen. Mit den Fingern Mulden in den Teig drücken und Zwiebelringe und Sardellenfilets hineinlegen. Mit etwas Öl beträufeln und mit Pfeffer bestreuen. Das Brot gemäß Anleitung backen.

Frittierte Zwiebelringe

XXXXXXXXXXXXXXXXXXXXXXXXXXXX

AUS EIGENEM ANBAU

- 3 Zwiebeln, schälen und sehr dünn hobeln oder in sehr dünne Ringe schneiden

AUS DEM KÜCHENSCHRANK

- 2–3 EL Mehl
- Salz

ZUBEHÖR

- Fritteuse oder (Frittier-)Pfanne mit Öl
- Küchenrolle

XXXXXXXXXXXXXXXXXXXXXXXXXXXX

SO WIRD ES GEMACHT

Die Fritteuse auf 175 °C vorheizen. Das Mehl und die Zwiebelringe in einen Plastikbeutel geben, etwas Luft hineinblasen und zuknoten. Den Beutel kräftig schütteln, bis alle Ringe vollständig mit Mehl bedeckt sind. Die Zwiebelringe aus dem Beutel nehmen und das überschüssige Mehl abklopfen. Die Ringe knusprig und goldbraun frittieren und auf Küchenpapier abtropfen lassen. Salzen.

Tipp
XXXXXXXXXXXXXXX
Schmeckt köstlich
als Beilage, Snack
oder auf dem Möhren-
Cheeseburger
(siehe S. 70).

Tipp
XXXXXXXXXXXXXXX
Kräutersalz für Chips
oder Zwiebelringe
lässt sich einfach
selbst herstellen: Salz
mit Kräutern und/
oder Gewürzen wie
zum Beispiel scharfem
Paprikapulver, fein
gehacktem Rosmarin,
Cayennepfeffer oder
1 Prise Ingwerpulver
vermischen.

Notizen

Tipp
xxxxxxxxxxxxxxx
Dieses Zwiebelchutney
schmeckt wunderbar auf
geröstetem Brot oder
auf einem Roastbeef-
brötchen.

Süßsaures Zwiebel-chutney

FÜR 2 GLÄSER

xxxxxxxxxxxxxxxxxxxxxxxxxxxxxxxxxx

AUS EIGENEM ANBAU

- 5 große Zwiebeln, schälen und in Ringe schneiden

AUS DEM KÜCHENSCHRANK

- 2 EL Olivenöl
- 6 EL Rotweinessig
- Salz und Pfeffer aus der Mühle

AUS DEM LADEN

- 4 EL brauner Zucker

ZUBEHÖR

- leere Marmeladengläser

xxxxxxxxxxxxxxxxxxxxxxxxxxxxxxxx

SO WIRD ES GEMACHT

Die Zwiebelringe 10 Minuten in Öl leicht anbraten. Deckel auf die Pfanne geben und die Ringe unter gelegentlichem Rühren ca. 30 Minuten köcheln lassen. Zucker, Essig, Salz und Pfeffer hinzugeben und so lange rühren, bis sich der Zucker aufgelöst hat. Weitere 15–20 Minuten köcheln lassen, bis die Soße etwas eingedickt ist. Abkühlen lassen und in leere Marmeladengläser füllen.

Ciao Bella

AL FRESCO AUS DEM GEMÜSE-GARTEN

Für ein gutes italienisches Essen braucht man nicht
viel mehr als das, was der Gemüsegarten hergibt.
Und natürlich einen feinen italienischen Wein.

Eis mit Nusspesto

xxxxxxxxxxxxxxxxxxxxxxxxxxxxxxx

Wenn Ihnen die wuchsfreudige Minze über den Kopf zu wachsen droht, ist es Zeit, dieses unwiderstehliche Eis aus Mascarpone und das süße Nusspesto zuzubereiten. When the moon hits the sky like a big pizza pie, that's amore …

AUS EIGENEM ANBAU

- 10 Minzeblätter, abspülen

AUS DEM KÜCHENSCHRANK

- 3 EL Honig
- 1 Prise Salz

AUS DEM LADEN

- 250 g Mascarpone
- 6 EL dicker (türkischer oder griechischer) Joghurt
- 2 Handvoll Pistazien, schälen
- 1 Handvoll Pinienkerne, rösten
- 1 EL Zitronensaft
- 1 TL Zitronenraspel
- 6 Eiswaffeln

ZUBEHÖR

- Eislöffel
- Küchenmaschine

xxxxxxxxxxxxxxxxxxxxxxxxxxxxxxx

SO WIRD ES GEMACHT

Den Mascarpone mit dem Joghurt vermischen. In das Gefrierfach oder die Gefriertruhe stellen. Für das Nusspesto Pistazien und Pinienkerne mit Honig, Zitronensaft und -raspel, Minze und 1 Prise Salz in der Küchenmaschine pürieren. Mit einem Eislöffel eine Kugel Eis in eine Waffel geben und etwas Nusspesto darauf verteilen.

Tipps für die Tischdeko: Italienische Kekse oder Bonbons an eine Schnur hängen oder malerisch auf dem Tisch verteilen und Serviettenringe verwenden, die Sie aus Tomatendosen hergestellt haben.

Bandnudeln mit Pesto

XXXXXXXXXXXXXXXXXXXXXXXXXXXXXXXXX

AUS EIGENEM ANBAU

- 4 gehäufte Handvoll Kräuter (Basilikum, Petersilie, Sellerie, Schnittlauch), abspülen und Stiele entfernen

AUS DEM KÜCHENSCHRANK

- 6–8 EL Olivenöl
- 2 Knoblauchzehen, schälen
- grobes Meersalz und Pfeffer aus der Mühle

AUS DEM LADEN

- 250 g Spaghetti oder Bandnudeln, wie zum Beispiel Tagliatelle

ZUBEHÖR

- Stabmixer

XXXXXXXXXXXXXXXXXXXXXXXXXXXXXXXXX

SO WIRD ES GEMACHT

Die Kräuter mit Knoblauch, Öl, Salz und Pfeffer zu einer dickflüssigen Paste pürieren. Die Nudeln bissfest garen und abseihen. Die Nudeln in den Topf zurückgeben und Pesto dazugeben. Alles gut vermischen und eventuell mit Salz und Pfeffer abschmecken.

Tipp

XXXXXXXXXXXXXXXXX

Köstlich als Beilage oder als Vorspeise. Verfeinern lässt sich dieses Gericht mit weichem Ziegenkäse und Pinienkernen oder mit einem Stück gegrilltem Lachs.

Ciao Bella

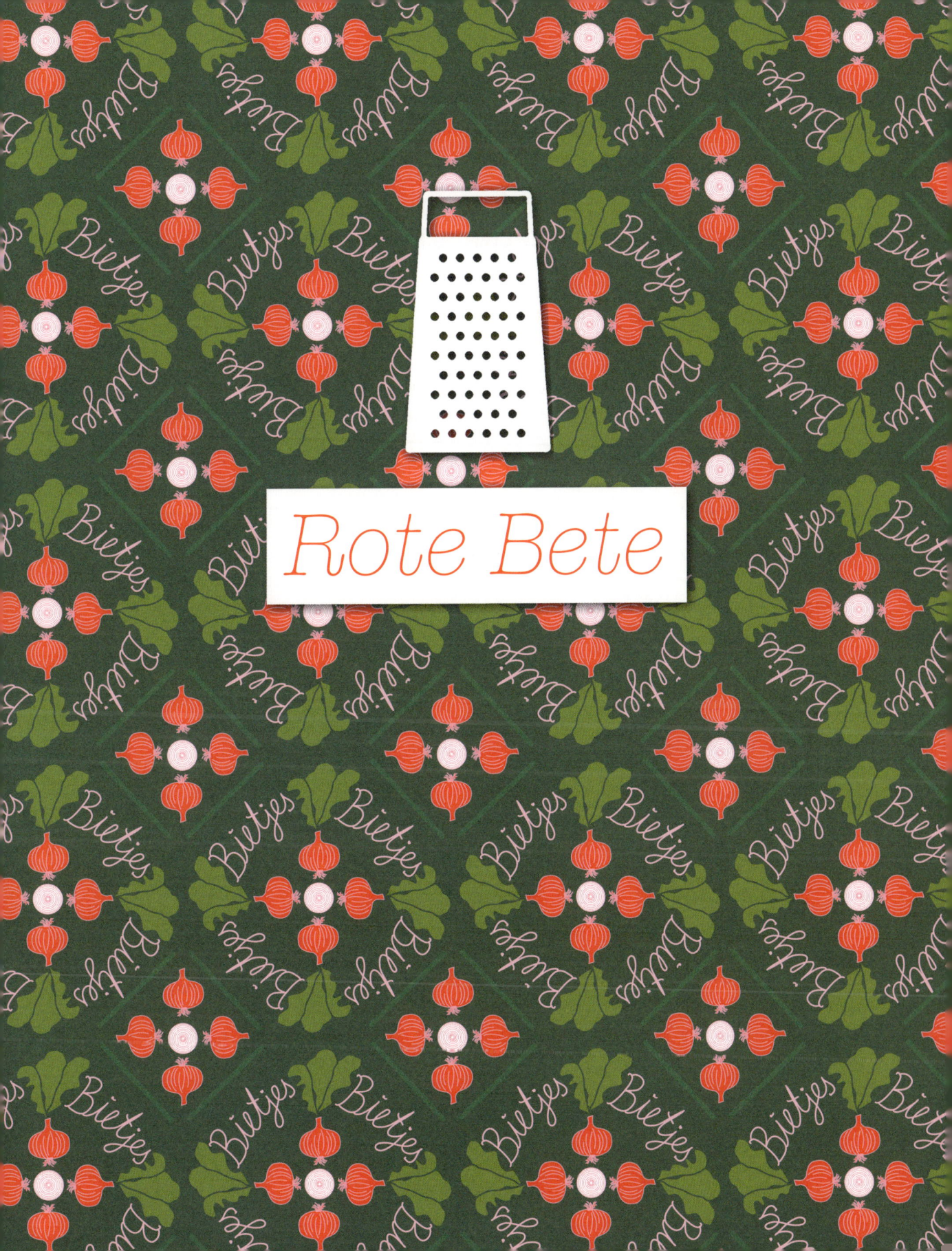

Rote Bete

Rote Bete

FINDEN SIE DEN GERUCH, WENN ROTE BETEN KOCHEN, AUCH SO FURCHTBAR? PASSIERT NICHT, WENN ROTE BETEN RECHTZEITIG GEERNTET WERDEN.

Aussaat

Rote Beten können bereits ab Februar auf der Fensterbank ausgesät werden, im Freien jedoch erst ab April. Rote Bete braucht einen lockeren Boden. Deshalb erst den Boden schön lockern, bevor Sie die gewünschte Samenmenge einzeln etwa 2 cm tief in die Erde drücken. Achtung! Ein einzelner Samen ergibt oft mehr als eine Rote Bete! Die größten und kräftigsten Sämlinge stehen lassen und die restlichen vorsichtig entfernen. Empfohlener Zwischenraum zwischen den einzelnen Pflanzen: 8 bis 12 cm.

Pflege

Auch die Rote Bete braucht an warmen Tagen etwas mehr Wasser und in der Wachstumsphase alle drei Wochen eine Düngergabe.

In Obstkisten

Wenn sie etwas mehr Dünger und Wasser bekommen, fühlen sich Rote Beten auch in Obstkisten absolut wohl.

Achtung!

Die Erde, in der die Rote Bete wachsen soll, muss locker sein. So kann an den Wurzeln keine Staunässe entstehen und Wurzelfäule wird vorgebeugt.

Ernte

Eines Tages schauen die Knöllchen aus der Erde hervor. Den Erntezeitpunkt bestimmen Sie selbst, aber junge Rote Beten schmecken am besten. Ernten Sie, wenn sie groß genug sind oder anfangen, sich gegenseitig zu verdrängen (nach etwa zehn bis zwölf Wochen). Ernten Sie nur die benötigte Menge und lassen Sie den Rest einfach stehen. So bleibt Rote Bete am besten frisch.

Junge Rote Bete schmeckt am besten.

Krankheiten

Rote-Bete-Pflanzen sind zwar robust, können jedoch von Schwarzen Bohnenläusen befallen werden, die gelbbraune Flecken verursachen. In nassen Sommern bekommen die Pflanzen manchmal auch – harmlose – Blattflecken.

Schnittmangold

Schnittmangold, der der gleichen Familie angehört wie Rote Bete, ist ein Blattgemüse, dessen Blätter verschiedene Farben annehmen können (rot, gelb, grün). Die Blätter sind leicht gewellt und schmecken etwas säuerlich. Sie werden wie Spinat verwendet, zum Beispiel in einem Salat oder als Wok-Gemüse. Wenn man die Pflanze wachsen lässt, werden die Stängel richtig dick und ähneln dem Senfkohl (Pok Choi).

Der Anbau von Schnittmangold ist vergleichsweise einfach. Saatgut gibt es im Gartencenter, und die Aussaat in Obstkisten ist bereits ab April möglich. Schnittmangold braucht viel Wasser. Wie beim Pflücksalat werden auch beim Schnittmangold immer nur ein paar Blätter geerntet. So hat man monatelang Freude an einer Pflanze, manchmal sogar noch in den Wintermonaten.

Tipp
xxxxxxxxxxxxxxx
Die Blätter von jungen Roten Beten eignen sich auch als Salat. Lassen Sie immer ein paar Blätter stehen, denn sonst wachsen die Knollen nicht weiter.

Es gibt diverse Sorten Schnittmangold: Der gelbe (Bright Yellow) zum Beispiel hat knallgelbe Stiele und Pink Passion oder Magenta Sunrise knallrote. Im gut sortierten Gartencenter finden Sie bestimmt noch mehr Sorten.

SCHRITT 1

Die Erde gut lockern und die benötigte Samenmenge 2 cm tief in die Erde drücken. Dabei zwischen den Pflanzen einen Abstand von 8 bis 12 cm lassen.

2× Dünger

SCHRITT 2

Rote Bete braucht regelmäßig Wasser und in der Wachstums-phase zwei Düngergaben, also etwa alle drei Wochen.

Notizen

SCHRITT 3

Rote Bete ist nach zehn bis zwölf Wochen erntereif. Die kleinsten schmecken am besten.

ROTE BETE
Frisch aus der Erde sind
Rote Beten saftig und süß.

Rote-Bete-Carpaccio

ROTE BETE, VOR ALLEM JUNGE, KANN MAN AUCH ROH ESSEN, ZUM BEISPIEL ALS SALAT: EINFACH IN SCHEIBEN SCHNEIDEN UND MIT EINEM FEINEN DRESSING SERVIEREN.

xxxxxxxxxxxxxxxxxxxxxxxxxxxxx

AUS EIGENEM ANBAU

- 2 Rote Beten ohne Grün, putzen, schälen, sehr fein hobeln
- 1 Handvoll Rote-Bete-Grün, abspülen und trocken schütteln

AUS DEM KÜCHENSCHRANK

- 2 EL Olivenöl
- 2 EL Weißweinessig
- 2 EL Honig
- 1 EL Rotweinessig
- 1 TL feiner Senf , Salz und Pfeffer aus der Mühle

AUS DEM LADEN

- 3 EL Nussöl
- 1 Handvoll Pinienkerne, rösten

ZUBEHÖR

- Gemüsehobel

xxxxxxxxxxxxxxxxxxxxxxxxxxxxx

SO WIRD ES GEMACHT

Olivenöl mit Weißweinessig, Honig, Salz und Pfeffer vermischen. Die Rote-Bete-Scheiben in eine Schüssel geben und mit der Öl-Essig-Mischung beträufeln. Mindestens 1 Stunde zugedeckt ruhen lassen. Den Rotweinessig, Senf, Pfeffer und das Salz zu einem Dressing verrühren. Das Nussöl hinzugeben und das Dressing cremig rühren. Die Rote-Bete-Scheiben auf Teller geben, das Grün dazugeben, mit dem Dressing beträufeln und mit Pinienkernen bestreuen.

Tipp
xxxxxxxxxxxxxxxxx
Ein Rote-Bete-Dip zu Chips! Siehe Rezept für Kartoffelchips auf S. 22.

Rote-Bete-Dip

GESUND UND SCHMACKHAFT

xxxxxxxxxxxxxxxxxxxxxxxxxxxxx

AUS EIGENEM ANBAU

- 2 Rote Beten, gründlich putzen, schälen und kochen
- ein paar Minzblätter, abspülen

AUS DEM KÜCHENSCHRANK

- 2 EL Olivenöl
- Salz und Pfeffer aus der Mühle

AUS DEM LADEN

- 1 Knoblauchzehe, schälen und fein hacken
- 2 EL Rotweinessig
- 2 EL Sauerrahm

ZUBEHÖR

- Stabmixer

xxxxxxxxxxxxxxxxxxxxxxxxxxxxx

SO WIRD ES GEMACHT

Die Roten Beten zusammen mit den anderen Zutaten pürieren und mit Salz und Pfeffer abschmecken.

Rote Bete mit Parmesan und Mandeln

Notizen

xxxxxxxxxxxxxxxxxxxxxxxxxxxxxxxx

AUS EIGENEM ANBAU
- 8 kleine Rote Beten mit etwas Grün, gründlich putzen

AUS DEM KÜCHENSCHRANK
- 2 EL Olivenöl
- 1 Stückchen Butter
- Salz und Pfeffer aus der Mühle

AUS DEM LADEN
- 1 Handvoll ganze, geschälte Mandeln
- 1 Stück Parmesan

xxxxxxxxxxxxxxxxxxxxxxxxxxxxxxxx

SO WIRD ES GEMACHT

Den Ofen auf 180 °C vorheizen (Heißluft 160 °C). Die Roten Beten mit Mandeln, Öl, Salz und Pfeffer vermischen, in einen Bräter geben und im Ofen ca. 50 Minuten gar werden lassen. Den Bräter aus dem Ofen nehmen. Die Butter zu den Roten Beten geben und diese mit Parmesan bestreuen.

Tipp
xxxxxxxxxxxxxxxxxxx
Herrlich als warme oder
lauwarme Vorspeise oder
als Beilage zu gegrilltem
Kotelett oder Fisch aus
dem Ofen.

Brechbohnen

Brechbohnen

BRECHBOHNEN SIND ANSPRUCHSLOS UND GEDEIHEN FAST ÜBERALL. ETWAS REGEN ODER LEITUNGSWASSER REICHT FÜR EINE ERTRAGREICHE ERNTE.

Es gibt zwei Sorten von Brechbohnen

Buschbohnen und Stangenbohnen. Buschbohnen wachsen nicht höher als 30 cm, Stangenbohnen dagegen bis zu 200 bis 250 cm. Sie schlängeln sich an Kletterhilfen empor. Stangenbohnen kann man buchstäblich beim Wachsen zuschauen: Bis zu 20 cm werden die Triebe pro Tag länger. Stangenbohnen brauchen etwas Hilfe beim Klettern. Nach etwa 100 Tagen können die Bohnen geerntet werden. Stangenbohnen sind ertragreicher als Buschbohnen, weil die Pflanzen größer sind.

Einfache, wohlschmeckende Sorten

- Prélude (Stangenbohne)
- Prinzessbohnen (Buschbohne)

Vorziehen

Ab Anfang Mai können die Bohnen in Gläsern vorgezogen werden. Dazu die Gläser mit etwas Wasser füllen und mit einem Tuch bedecken, sodass das Tuch feucht wird. In das Tuch legen Sie jeweils eine Bohne. Vorsicht: Die Bohne darf nicht zu nass werden. Bereits nach ein paar Tagen zeigen sich Wurzeln und Keim. Sobald die Pflanzen 10–15 cm hoch sind, können sie draußen ausgepflanzt werden.

Ab wann draußen säen?

Wenn Sie die Bohnen draußen aussäen möchten, sollte die Bodentemperatur mindestens 10 °C betragen. Die beste Zeit zum Säen ist ab Mitte Mai oder nach den Eisheiligen, sprich: wenn die Nächte frostfrei sind. Aber auch danach kann man Bohnen noch säen, Stangenbohnen sogar bis in den Juli hinein. Das Saatgut darf nicht zu tief in die Erde eingearbeitet werden. Wenn Sie im Juli Bohnen säen, können Sie bis in den Oktober ernten. Stangenbohnen brauchen eine Kletterhilfe, etwa einen Zaun oder ein selbst gebautes Rankgitter, das frei steht oder an einer Mauer oder Hecke lehnt.

Pflege

Für Bohnen ist trockene Erde verheerend. In Trockenzeiten muss deshalb gut gewässert werden. Düngen ist nicht nötig, da Bohnen selbst Stickstoff im Boden produzieren.

In Obstkisten

Beim Bohnenanbau in Obstkisten ist wichtig, dass nicht zu stark gewässert wird und die Erde ausreichend warm ist. In feucht-kalter Erde fühlen Bohnen sich nämlich nicht wohl.

Ernte

Buschbohnen sind nach etwa 50 bis 60 Tagen erntereif, Stangenbohnen erst nach 100 bis 120 Tagen. Dabei ist nicht nur die Größe der Bohnen entscheidend, sondern auch die Struktur: Die Bohnen sollten fest sein. Junge Bohnen schmecken am besten. Je mehr Bohnen gepflückt werden, umso mehr Bohnen wachsen nach.

Nur ein paar Samen versorgen einen ganzen Sommer lang die ganze Nachbarschaft.

Lagerung

Brechbohnen lassen sich im Kühlschrank nur einige Tage aufbewahren. Sie trocknen nach der Ernte schnell aus und werden welk.

Häufig auftretende Plagen und Krankheiten

Missbildungen an Blättern und schwarze Flecken deuten auf den Befall mit Schwarzer Bohnenlaus hin. Diese Schädlinge übertragen Viruskrankheiten und werden am besten mit einer Lösung aus Wasser, etwas Spiritus und etwas grüner Seife bekämpft.

SCHRITT FÜR SCHRITT

SCHRITT 1

Die Saatschale bis an den Rand mit Erde füllen, Erde andrücken. Mit einem Finger oder einem Holzstäbchen ein 3 bis 5 cm tiefes Loch hineindrücken und 2 Samen hineingeben. Gut wässern und zwei Wochen auf ein sonniges Fensterbrett stellen.

Tipp
xxxxxxxxxxxxxxx

1 Tütchen Brechbohnensamen (70 g) ergibt im Schnitt 20 kg Bohnen. Deshalb gilt: sparsam säen ...

Tipp
xxxxxxxxxxxxxxx

Vögel lieben junge Bohnenpflanzen. Schützen Sie die Pflanzen daher zum Beispiel durch ein Netz.

SCHRITT 2

Sobald die Pflanzen 15 bis 20 cm hoch sind, können sie in Obstkisten ausgepflanzt werden.

SCHRITT 3

Gut wässern, dann läuft alles von allein. Ernten können Sie bereits ab Juni. Wenn Sie zweimal pro Woche pflücken, wird die Pflanze kontinuierlich Nachschub produzieren.

Tipp
xxxxxxxxxxxxxxxx
Köstlich zu gegrilltem
Hacksteak.

Bohnen aus dem Ofen

XXXXXXXXXXXXXXXXXXXXXXXXXXXXXXX

AUS EIGENEM ANBAU

- 2 gehäufte Handvoll Brechbohnen, abspülen und Spitzen entfernen

AUS DEM KÜCHENSCHRANK

- 2 EL Olivenöl
- Salz und Pfeffer aus der Mühle

AUS DEM LADEN

- 2 Knoblauchzehen, schälen und in dünne Scheiben schneiden
- 1 Handvoll Haselnüsse, grob hacken

XXXXXXXXXXXXXXXXXXXXXXXXXXXXXXX

SO WIRD ES GEMACHT

Den Ofen auf 175 °C vorheizen (Heißluft 155 °C). Die Bohnen zusammen mit Öl, Knoblauch, Salz, Pfeffer und Haselnüssen in eine ofenfeste Form geben, gut verrühren und 10–15 Minuten garen.

REZEPT

Bohnen mit Chapati

ETWAS AUS EIGENEM ANBAU, ETWAS AUS DEM LADEN …

XXXXXXXXXXXXXXXXXXXXXXXXXXXXXXX

AUS EIGENEM ANBAU

- 2 gehäufte Handvoll Brechbohnen, abspülen und in Stücke schneiden
- 1 Zwiebel, schälen und würfeln
- 4 große Kartoffeln, schälen und in Stücke schneiden

AUS DEM KÜCHENSCHRANK

- 2 EL Olivenöl
- 4 hart gekochte Eier, schälen
- Salz und Pfeffer aus der Mühle

AUS DEM LADEN

- 2 Knoblauchzehen, schälen und fein hacken
- 1 Tomate, abspülen und in Stücke schneiden
- 1 EL Masala (Currymischung)
- 1 TL gemahlener Kreuzkümmel
- 4 Chapatis (indische Fladenbrote)

ZUBEHÖR

- tiefe Bratpfanne mit Öl

XXXXXXXXXXXXXXXXXXXXXXXXXXXXXXX

SO WIRD ES GEMACHT

Die Zwiebel in Öl dünsten. Knoblauch, Tomate, Masala und Kreuzkümmel hinzugeben, umrühren. Bohnen, Kartoffeln und 2 Tassen Wasser dazugeben und unter gelegentlichem Rühren köcheln lassen. Die Hitze reduzieren und weiterköcheln lassen. Eventuell noch etwas Wasser dazugeben, wenn das Ganze zu trocken wird. Mit Salz und Pfeffer abschmecken. Die hart gekochten Eier (gut trocken gerieben!) in die Bratpfanne mit Öl geben. Bei hoher Hitze frittieren, bis sie ringsherum runzlig sind. Die Chapatis in einer Pfanne ohne Fett warm machen, mit Gemüse und Ei servieren.

Bohnen auf griechische Art

Notizen

xxxxxxxxxxxxxxxxxxxxxxxxxxxxxxx

AUS EIGENEM ANBAU
- 2 gehäufte Handvoll Brechbohnen, abspülen und Stiele entfernen

AUS DEM KÜCHENSCHRANK
- 1 EL Olivenöl
- Salz und Pfeffer aus der Mühle
- Zitronensaft

AUS DEM LADEN
- 2 EL Rotweinessig
- 200 g Feta-Käse
- 1 Tasse kleine schwarze Oliven, entkernen
- 1 rote Zwiebel, schälen und in hauchdünne (halbe) Ringe schneiden

xxxxxxxxxxxxxxxxxxxxxxxxxxxxxxx

SO WIRD ES GEMACHT
Die Bohnen bissfest (leicht knackig) garen und abseihen. Sofort mit Öl, Essig, Salz und Pfeffer vermischen. Im Kühlschrank abkühlen lassen. Zwiebelringe, Feta und Oliven dazugeben und alles mit Zitronensaft beträufeln.

China Town

CHINESISCH

Für das richtige Flair beim chinesischen Essen: eine chinesische Zeitung (vom Kiosk oder Bahnhof) als Tischdecke, Schälchen mit Sojasoße und natürlich Stäbchen.

Frühlings-rollen

FÜR 8 STÜCK

xxxxxxxxxxxxxxxxxxxxxxxxxxxxxxxxxxxxxxx

AUS EIGENEM ANBAU

- 3 Möhren, das Grün entfernen, Möhren schälen und in dünne Streifen schneiden
- ½ Paprika, abspülen und in dünne Streifen schneiden
- 1 Handvoll Brechbohnen, Spitzen entfernen, Bohnen in Stücke schneiden, blanchieren
- 1 Handvoll Salatblätter
- ein paar Minzeblätter

AUS DEM KÜCHENSCHRANK

- Sonnenblumen- oder Erdnussöl

AUS DEM LADEN

- 8 runde Reisblätter (Asialaden)
- süße Chilisoße und Austernsoße

ZUBEHÖR

- Küchenpinsel

xxxxxxxxxxxxxxxxxxxxxxxxxxxxxxxxxxxxxxx

SO WIRD ES GEMACHT

Eine große Schüssel mit heißem Wasser und einem Tropfen Öl bereitstellen. Die Arbeitsfläche mit Öl bepinseln. Ein Reisblatt zum Einweichen in das heiße Öl-Wasser legen (geht sehr schnell). Mit beiden Händen das Blatt vorsichtig aus dem Wasser heben und auf die geölte Arbeitsfläche legen. Das Blatt in der Mitte mit Gemüse und Kräutern belegen, Seiten und untere Hälfte einklappen und aufrollen. Chili- und Austernsoße dazu reichen.

Tipp

xxxxxxxxxxxxxxxxx

Ein Dip aus 1 Esslöffel Sesamöl und 2 Esslöffeln Sojasoße passt gut dazu.

Tipp

xxxxxxxxxxxxxxxxx

Schmeckt gut zu Hähnchenfilet oder gegrilltem Steak.

Nudelsuppe „Kaisergarten"

xxxxxxxxxxxxxxxxxxxxxxxxxxxxxxxxx

🍴 AUS EIGENEM ANBAU

- 1 Möhre, das Grün entfernen, Möhre gründlich putzen und grob schneiden
- 3 Zwiebeln, schälen und in Scheiben schneiden
- 1 Handvoll Petersilie, abspülen, trocken schütteln, Stängel entfernen
- 1 Handvoll Koriander, abspülen, trocken schütteln, Stängel entfernen

AUS DEM KÜCHENSCHRANK

- 2 EL Olivenöl
- 3 Knoblauchzehen, schälen und fein hacken
- Salz und Pfeffer aus der Mühle

AUS DEM LADEN

- 1 Lauch, nur die hellgrünen und weißen Teile, abspülen und grob schneiden
- ½ Stangensellerie, abspülen und grob schneiden
- 2 Frühlingszwiebeln, abspülen und in Ringe schneiden
- 1 Handvoll Sojasprossen
- 1 Handvoll Champignons, mit Küchenpapier sauber reiben, vierteln oder achteln
- 2 Handvoll gekochte chinesische Glasnudeln
- japanische Sojasoße (salzig)

xxxxxxxxxxxxxxxxxxxxxxxxxxxxxxxxx

Tipp
xxxxxxxxxxxxxxxxx
Unbedingt probieren:
nur die Brühe (ohne
Zutaten) als wunderbarer
Muntermacher für
zwischendurch.

Tipp
xxxxxxxxxxxxxxxxx
Schmeckt auch köstlich
mit frischem Ingwer
und ein paar dünnen
Chiliringen.

SO WIRD ES GEMACHT

Möhre, Zwiebeln, Lauch, Stangensellerie und Frühlingszwiebeln in eine tiefe Pfanne mit Öl und Knoblauch geben, unter Rühren kurz anbraten. So viel kaltes Wasser hinzugeben, dass das Gemüse gerade bedeckt ist. Aufkochen lassen und regelmäßig abschäumen. Die Hitze reduzieren und das Wasser zur Hälfte einkochen (ohne Deckel). Die Brühe durch ein Sieb geben und mit Salz und Pfeffer abschmecken.

Die Glasnudeln, Sojasprossen, Champignons und die frischen Kräuter in Suppentassen verteilen, jeweils einen Schuss Sojasoße dazugeben und mit heißer Brühe auffüllen. Die Champignons bleiben roh. Wer das nicht mag, kann sie vorher kurz anbraten.

Tipp
xxxxxxxxxxxxxxxxx
Mit ein paar Krabben oder
einem verquirlten Ei (fest
schlagen) verwandeln Sie
diese Suppe im Nu in eine
echte Mahlzeit.

Krabben-Zucchini-Röllchen

xxxxxxxxxxxxxxxxxxxxxxxxxxxxxxxxxx

AUS EIGENEM ANBAU

- 1 Zucchini, abspülen und längs dünn hobeln, zum Beispiel mit dem Käsemesser, Streifen dann längs halbieren

AUS DEM KÜCHENSCHRANK

- 3 EL Mais- oder Erdnussöl
- Salz und Pfeffer aus der Mühle

AUS DEM LADEN

- 1 Knoblauchzehe, gepresst
- ½ rote Chilischote, abspülen, entkernen und würfeln
- 8 große gekochte Krabben, pulen (außer den Schwänzen)
- 1 Limette, abspülen und achteln

ZUBEHÖR

- Holzspieße
- Küchenpinsel

xxxxxxxxxxxxxxxxxxxxxxxxxxxxxxxxxx

Tipp: eine chinesische Zeitung als Tischdecke verwenden und die Stäbchen mit einem Zeitungsstreifen oder farbiger Schnur zusammenbinden.

SO WIRD ES GEMACHT

Das Öl mit Knoblauch und Chili vermischen und mit Salz und Pfeffer abschmecken. Die Krabben jeweils mit ein paar Zucchinistreifen umwickeln, auf einen Spieß stecken. Die Röllchen mit dem Chiliöl bepinseln und in einer Pfanne ohne Fett braten. Erneut mit Chiliöl bepinseln und mit Limette servieren.

WEITERE EINFACHE GEMÜSESORTEN

GEMÜSE AUS EIGENEM ANBAU SCHMECKT VIEL BESSER ALS GEKAUFTES. SIE KÖNNEN ABER TROTZDEM KEINE ZUCCHINI UND RADIESCHEN MEHR SEHEN? DANN GIBT ES HIER NOCH WEITERE ACHT GEMÜSE- UND FÜNF OBSTSORTEN, DIE SIE IN OBSTKISTEN ANBAUEN KÖNNEN.

DIE TOP 5 BEIM OBST

Erdbeeren

Die unbestrittene Nummer 1: Erdbeeren lassen sich gut in Töpfen anbauen. Es gibt hierfür sogar spezielle Sorten (Hängeerdbeeren). Wenn Sie Hängeerdbeeren im August ins Freie stellen und draußen überwintern lassen, gibt es im darauffolgenden Jahr bereits im Mai Früchte. Wer im Frühjahr Erdbeeren pflanzt, kann im Spätsommer ernten.

ACHTUNG!

Erdbeeren brauchen einen sonnigen Platz, ausreichend Wasser und auch Dünger. Noch bessere Ergebnisse erzielen Sie, wenn Sie Erdbeeren in spezielle Erdbeererde pflanzen. Schützen Sie Ihre Erdbeeren vor gefräßigen Vögeln.

Trauben

Für Reben brauchen Sie schon eine ziemlich große Obstkiste. Reben brauchen einen sonnigen, windgeschützten Platz im Garten oder an der Hauswand. Dann tragen sie reichlich. Reben brauchen auch eine Kletterhilfe, zum Beispiel eine Pergola.

SCHNEIDEN

Der Rebschnitt erfolgt im Januar. An jedem Trieb bleiben zwei bis drei Augen (Knospen) stehen. Diese befinden sich in der Achsel. Der Schnitt erfolgt kurz über dem letzten Auge. Dicke, verholzte Seitentriebe (mindestens so dick wie ein kleiner Finger) werden stehen gelassen, dünne Seitentriebe werden vollständig entfernt.

Himbeeren

Himbeeren wachsen an einjährigen Trieben. Für den Anbau im eigenen Garten bedeutet dies, dass man diese Triebe nach der letzten Ernte vollständig abschneidet. Von den neuen Trieben, die nicht getragen haben, lässt man die kräftigsten stehen, die restlichen werden ebenfalls vollständig abgeschnitten. So werden Sie im nächsten Sommer garantiert wieder Himbeeren ernten.

Tipp: Tulameen ist eine einfache, ertragreiche Sorte, die große Früchte trägt. Diese können im Juli geerntet werden, mit etwas Glück auch noch bis weit in den Sommer hinein.

Brombeeren

Auch Brombeeren sind unkompliziert, wenn es um Anbau in Töpfen oder Obstkisten geht. Einfach im Frühling eine stachellose Pflanze kaufen und pflanzen. Wie Himbeeren wachsen die Früchte der Brombeerpflanze an einem Trieb, der ein Jahr alt ist. Nach der Ernte wird dieser Trieb abgeschnitten, die neuen werden stehen gelassen, können aber im Herbst eventuell etwas zurückgeschnitten werden. Brombeerpflanzen brauchen eine Kletterhilfe. Die Früchte werden ab August bis in den September hinein geerntet.

Spalierobst

In kleinen Gärten sind Spalierobstbäume an einer Mauer oder Hauswand eine tolle Alternative. Sie profitieren von der Wärme, die die Mauer abstrahlt. Allerdings brauchen sie dann auch entsprechend mehr Wasser.

ACHTUNG!

Die Blüten der meisten Apfelsorten müssen von Bienen oder Hummeln bestäubt werden. Es gibt jedoch auch selbst bestäubende Sorten wie Grüner Boskop.

Ein Apfel- oder Birnbaum wächst zwar theoretisch auch in einem Kübel oder einer Obstkiste, aber ideal ist diese Art von Anbau nicht.

WEITERE EINFACHE GEMÜSESORTEN

Tomaten

Tomatenpflanzen brauchen eine Stütze, zum Beispiel Bambusstäbe, um nicht abzuknicken. Ende Juni werden die Seitentriebe ausgebrochen oder ausgegeizt, sodass die Pflanze mehr Energie in das Wachstum der restlichen Blüten und somit später in die Früchte stecken kann. Auch die Blütenstände sollten ausgedünnt werden: Lassen Sie nicht mehr als drei Blütentrauben je Pflanze stehen. Denn mehr Blütentrauben bedeuten nicht automatisch mehr Ertrag. Tomatenpflanzen brauchen viel Dünger.

SÄEN

Tomaten werden ab Februar/März im Zimmer vorgezogen.

PIKIEREN (AUSPFLANZEN)

Wenn die ersten Blätter sprießen, werden die Sämlinge pikiert und (drinnen) in Töpfchen gepflanzt. Erst ab Mai dürfen sie an einen sonnigen Platz nach draußen.

ERNTEN

Meistens können Tomaten bereits ab Juli geerntet werden, manchmal bis in den September hinein.

Pastinaken

Pastinaken sind ein Wurzelgemüse, sie wachsen unter der Erde.

SÄEN

Pastinaken werden im Frühjahr draußen ausgesät, wenn die Bodentemperatur mindestens +7 °C beträgt. Um Verformungen an den Früchten zu vermeiden, sollte der Boden vor dem Aussäen, auch in der Tiefe, gut gelockert werden. Es dauert ziemlich lang, bis die Sämlinge sichtbar werden. Pastinaken und Radieschen vertragen sich gut, Radieschen sprießen etwas früher. Beim Ausdünnen sollten Sie etwa drei Pflanzen stehen lassen, am besten in einer Ecke der Obstkiste.

ERNTEN

Pastinaken werden im Herbst geerntet, sobald das Grün verwelkt ist. Ernten Sie nur so viel, wie Sie benötigen, denn Pastinaken kann man auch noch im Winter ernten. Dann ist der Geschmack als Folge von Nachtfrösten sogar noch süßlicher. Bei der Ernte müssen Pastinaken behutsam aus der Erde gezogen werden, am besten mit einer Mistgabel, sodass sie nicht beschädigt werden.

Wer sich nicht die Mühe des Vorziehens und Aussäens machen will, kommt mit Pflanzen aus dem Gartencenter natürlich schneller und einfacher zum Ziel. Viel Spaß beim Ernten!

Kürbisse

Kürbispflanzen sind anspruchslos und wuchern stark. Deshalb sollten sie regelmäßig geschnitten werden. In Obstkisten bevorzugt der Kürbis einen Platz an einer Mauer oder einem Rankgitter. Außerdem braucht er gut gedüngte Erde (Düngergaben alle zehn Tage) und viel Wasser.

SÄEN

Gleich im Freien: zwei Samen pro Kiste vor einem Rankgitter. Die schwächste Pflanze wird später entfernt. Kürbispflanzen brauchen eine Kletterhilfe.

ERNTEN

Kürbisse sind erntereif, sobald Sie sie für groß genug erachten, meist aber im Spätsommer/Frühherbst.

Chili-/Paprikaschote

Chili- und Paprikaschoten gehören derselben Familie an. Beide lieben Wärme und sind somit für den Anbau in einer Obstkiste auf dem Balkon oder an einem windgeschützten Ort bestens geeignet. Im Gegensatz zu gekauften Exemplaren wachsen Paprikaschoten aus eigenem Anbau oft in lustigen Formen. Wussten Sie, dass grüne Paprikaschoten einfach unreife rote oder gelbe Paprikaschoten sind?

SÄEN

Chili- und Paprikaschoten werden drinnen vorgezogen.

PIKIEREN (AUSPFLANZEN)

Sämlinge werden im Mai pikiert und draußen in Töpfen oder Obstkisten ausgepflanzt.

ERNTEN

Paprikaschoten sind erntereif, sobald sie etwa so groß sind wie ein Tennisball. Wenn Sie die Paprikaschoten dann sofort pflücken, wachsen vielleicht wieder neue nach. Chilischoten werden unterschiedlich groß, je nach Sorte. Deshalb erst auf der Samenverpackung nachlesen, wann sie erntereif sind.

Salatgurke

Salatgurken sind fast so pflegeleicht wie Zucchini.

SÄEN

Salatgurken werden im März draußen ausgesät, wenn die Erde nicht mehr eiskalt ist. Stülpen Sie nach der Aussaat Gläser über die Samen, damit sie besser geschützt sind.

PIKIEREN (AUSPFLANZEN)

Gurkenpflanzen brauchen Sonne und eine Kletterhilfe. Von der Jungpflanze bleibt ein Trieb stehen, die restlichen Triebe werden entfernt.

ERNTEN

Gurken kann man ab Ende Juni ernten oder wenn sie groß genug sind. Zu dicke Gurken schmecken nicht besonders gut. Wenn Sie kräftig ernten, bildet die Pflanze immer wieder neue Früchte.

Rhabarber

Rhabarber ist an sich zwar unkompliziert, jedoch nur bedingt geeignet für den Anbau im Topf oder einer Obstkiste. Die Pflanze braucht sehr viel Wasser und Dünger und wird sehr groß. Wächst die Pflanze einmal an einer bestimmten Stelle im Garten, braucht man eigentlich nichts mehr zu tun. Mit etwas Glück gedeiht sie da noch 20 Jahre. Achtung: Nur die roten/rotgrünen Stängel der Pflanze sind essbar, die Blätter sind giftig! Rhabarber mag keine Staunässe.

PFLANZEN

Rhabarber lässt sich fast nicht vorziehen oder aussäen. Deshalb empfiehlt es sich, eine Pflanze im Gartencenter zu kaufen und diese im Frühjahr oder Frühsommer im Garten zu pflanzen.

ERNTEN

Manchmal kann man bereits im gleichen Jahr ernten, meist aber erst im darauffolgenden Jahr, und dann von Frühjahr bis Frühsommer. Ernten Sie nicht alle Stiele auf einmal ab, sondern portionsweise, dann bildet die Pflanze immer weiter neue Stängel aus.

Notizen